Tjark Kunstreich
Dialektik der Abweichung
Über das Unbehagen in der
homosexuellen Emanzipation

Tjark Kunstreich

Dialektik der Abweichung

Über das Unbehagen in der homosexuellen Emanzipation

konkret
Texte 67
KVV konkret, Hamburg *2015*
Lektorat: Wolfgang Schneider
Gestaltung & Satz: Niki Bong
Druck: CPI books GmbH, Leck
ISBN 978-3-930786-78-7

Inhalt

7
Vorwort

15
Schwulenhass in der Krise

36
Der Ort des Hasses

48
Lust an der Unfreiheit

73
Queer und »wir«

88
Das Unbehagen in der
homosexuellen Emanzipation

111
Falsche Alternative

129
Wovon gesprochen und
was verschwiegen wird

135
Verwendete Literatur

I walk in this garden
Holding the hands of dead friends.
Derek Jarman

Vorwort

Den hier versammelten, nicht chronologisch angeordneten Texten aus den letzten Jahren haftet ihre Zeitgebundenheit an; ich habe wenig verändert, um die Veränderungen des Gegenstands umso sichtbarer werden zu lassen. Zu Beginn referiere ich die gesellschaftlichen Zusammenhänge, die seit 2010 dazu geführt haben, dass die Homosexuellenfrage eine bislang noch nie dagewesene öffentliche Aufmerksamkeit erfuhr. Aktuell flaut diese wieder ab, zum einen übertönt von einer erneuten Radikalisierung des Islamismus, zum anderen verursacht von einer Ermüdung des Publikums. Dass der Islamische (Un-)Staat Homosexuelle von Hochhäusern werfen lässt, die, falls sie überleben, vom Mob zu Tode gesteinigt werden; dass die Islamische Republik Iran sich seit 2014 – wohl aufgrund der russischen Anti-Homo-Kampagnen – nicht mehr scheut, wieder Hinrichtungen wegen einvernehmlicher homosexueller Handlungen durchzuführen; dass im allgemeinen Flüchtlingselend das besondere Elend der homo- und transsexuellen Flüchtlinge kaum noch Beachtung findet; dass in europäischen Großstädten islamisierte Banden Homo- und Transsexuelle einschüchtern und bedrohen, scheint vor dem Hintergrund der Normalisierung der Homosexualität – hier als pars pro toto einer sexuellen Abweichung verstanden – ein merkwürdiger Gegensatz.

Anliegen dieser Zusammenstellung ist es, die Vorgeschichte eines möglichen gesellschaftlichen Verhängnisses zu dokumentieren, einer autoritären Transgression, die sich nicht nur einfach an den Homosexuellen austobt, sondern vielmehr zu ihrer Formierung die Verfolgung des (männlichen) Homosexuellen braucht, um jene männerbündischen Strukturen herauszubilden, in denen das individuelle gleichgeschlechtliche Begehren nicht nur ausgeschlossen, sondern vernichtet werden muss. Die Unterscheidung zwischen individueller und gesellschaftlicher Homosexualität – zwischen individuellem gleichgeschlechtlichen Begehren und der Homoerotik des Männerbunds – ist dabei zentral, so ungenau und abstrakt sie auch ist: weshalb sie nicht selten als rationalisiertes Ressentiment gegen die individuelle sexuelle Orientierung auftaucht oder gar mit Geschlechtsidentität verwechselt wird. Sie scheint mir aber sinnvoll, um aus der Homophobie linker Strömungen der Psychoanalyse sowie der Kritischen Theorie das ihnen zugrundeliegende antifaschistische Erkenntnisinteresse freizulegen.

Dass die Reflexion auf die Verfolgung der Homosexualität nicht nur für Homosexuelle von Belang ist, zeigt die Geschichte der Sowjetunion. Dort wurde 1917 der Paragraph des Strafgesetzbuches, der Homosexualität unter Strafe stellte, abgeschafft. Wilhelm Reich schreibt 1936 in seinem Buch *Die Sexualität im Kulturkampf*: »Die offizielle große Sowjet-Enzyklopädie, die unter der Kontrolle der Regierung erschien, stützte sich in ihrer Darstellung der Sexualität hauptsächlich auf Magnus Hirschfeld und teilweise auch auf Freud. Die Begründung der Aufhebung des Homosexualitätsparagraphen war, dass die Homosexualitätsfrage ausschließlich wissenschaftlich zu behandeln und daher die Homosexuellen nicht zu bestrafen wären. Es müssten die Mauern eingerissen werden, die die Homosexuellen von der Gesellschaft trennen.« Doch der Einfluss kleinbürgerlicher Elemente, wie Reich sie nennt, in der Kommunistischen Partei der Sowjetunion veränderte die Haltung zur Homosexualität:

1. wäre sie ein »Zeichen barbarischer Unkultur«, eine »Schweinerei halbwilder Ostvölker«; 2. wäre sie eine Erscheinung »überzüchteter Kultur der perversen Bourgeoisie«. Trotz der erfolgten Aufhebung der Bestrafung bestanden homosexuelle Verfolgungen bei den östlichen Völkern der SU fort. Etwa im Jahre 1925 wurde in Turkestan ein Zusatzparagraph zum Gesetzkodex der Sowjet-Union geschaffen, der bereits hohe Strafen für Homosexuelle vorsah. Die genannten Ansichten über die Homosexualität führten im Zusammenhang mit der allgemeinen Unklarheit über die sexualpolitischen Verhältnisse und Entwicklungsmöglichkeiten dazu, dass sich groteske Fälle von Homosexuellen-Verfolgungen hier und dort immer wieder ereigneten und schließlich häufiger wurden. Mit dem Gesetz allein war ja die Frage nicht erledigt ... Mit der allgemeinen Bremsung der sexuellen Revolution musste sich notwendigerweise Homosexualität in der Jugend, im Heer, in der Marine u.s.f. immer mehr verbreiten. Es kamen Schnüffeleien und Angebereien vor, Ächtung durch die Parteikomitees und sogar in den »Parteireinigungen«. In einzelnen Fällen intervenierten alte Bolschewiki wie etwa Klara Zetkin und andere und setzten die Befreiung durch. Doch im Laufe der Zeit wuchs die Homosexualitätswelle infolge der Ungelöstheit der Sexualfrage an, bis im Januar 1934 in Moskau, Leningrad, Charkow, Odessa Massenverhaftungen von Homosexuellen einsetzten. Diese Verhaftungen wurden politisch begründet. Unter den Verhafteten fanden sich sehr viele Schauspieler, Artisten, Musiker, die wegen angeblicher »homosexueller Orgien« administrativ zu mehreren Jahren Gefängnis bzw. Verbannung verurteilt wurden. Im März 1934 erschien das Gesetz, das den Geschlechtsverkehr unter Männern verbietet und bestraft, von Kalinin gezeichnet ... Diesem Gesetze nach wurde der Geschlechtsverkehr zwischen Männern als »soziales Verbrechen« bezeichnet, das in leichteren Fällen mit 3, in andern mit 5–8 Jahren bestraft wird. So erschien die Homosexualität wieder in einer Reihe mit andern sozialen Verbrechen: Banditismus, Konterrevolution, Sabotage, Spionage etc.

Reich stellt einen Zusammenhang zu der beginnenden Homosexuellenverfolgung in Hitlerdeutschland her, zur sogenannten Röhm-Affäre:

Die Sowjetpresse hatte einen Feldzug gegen die Homosexualität als eine »Entartungserscheinung der faschistischen Bourgeoisie« eröffnet. Wie mir berichtet wurde, hatte der bekannte Sowjetjournalist Kolzow eine Artikelserie verfasst, in der er von den »warmen Brüdern des Propagandaministeriums Göbbels« und von den »sexuellen Orgien in den faschistischen Ländern« sprach. Entscheidend wirkte das Eingreifen Gorkis, der in einem Artikel »Proletarischer Humanismus« schrieb: »Das Gedächtnis sträubt sich dagegen, auch nur jener Abscheulichkeiten zu gedenken, die der Faschismus so üppig erzeugt.« Gemeint waren Antisemitismus und Homosexualität. Es hieß dann wörtlich: »Während in den Ländern des Faschismus die Homosexualität, die die Jugend verdirbt, ungestraft agiert, ist sie in dem Lande, wo das Proletariat kühn und mannhaft die Staatsmacht erobert hat, als ein soziales Verbrechen erklärt und wird streng bestraft. In Deutschland ist schon ein geflügeltes Wort entstanden: Rottet die Homosexuellen aus, und der Faschismus ist verschwunden.«

Für Reich war Homosexualität vor allem ein Resultat sexueller Unterdrückung, deswegen empfand er zumindest so etwas wie Mitleid mit den Homosexuellen:

Man verwechselte die männerbündlerische Homosexualität, die der Zentralorganisation Röhms und anderer tatsächlich zugrunde lag, mit der Nothomosexualität von Matrosen, Soldaten und Gefangenen, die dem Mangel befriedigenden heterosexuellen Geschlechtsverkehrs zuzuschreiben ist. Man übersah darüber hinaus völlig die ideologische Stellung des Faschismus zur Homosexualität, die gleichfalls ablehnend war, vgl. 30. Juni 1934, in der Hitler die ganze Führung der SA mit der gleichen Begründung ausrottete, mit der in der Sowjetunion die Homosexuellen-Verfolgungen eingesetzt hatten.

Ganz anders die Kommunisten und die Sozialdemokraten dieser Zeit, die umsonst darauf hofften, sie könnten, indem sie sich noch völkischer gäben als die Nazis, das deutsche Volk von der Dekadenz der Nazis überzeugen. In den ersten Jahren des Nazifaschismus imaginierte das »andere Deutschland« sich und seinem Publikum das Dritte Reich als homosexuellen Sündenpfuhl. »Alle Organisationen der NSDAP, von oben bis unten, einschließlich der Jugendorganisationen sind Brutnester der Homosexualität, wie sie nie vorher in der deutschen Geschichte sich entwickelt hatte«, schrieb ein sozialdemokratisches Blatt. Der mutmaßliche Reichstagsbrandstifter Marinus van der Lubbe war dementsprechend ein »Lustknabe« Röhms, die sadistischen Folterungen in den Konzentrationslagern konnten nur einem homosexuellen Gehirn entsprungen sein und so weiter. Die Antifaschisten waren wirklich davon überzeugt; sie glaubten, die Deutschen würden mit den Nazis abrechnen, wenn sie nur wüssten, was sie selbst erkannt zu haben glaubten.

Klaus Mann intervenierte: »Man ist im Begriffe, aus ›dem‹ Homosexuellen den Sündenbock zu machen – ›den‹ Juden der Antifaschisten. Das ist abscheulich. Mit ein paar Banditen die erotische Veranlagung gemeinsam zu haben, macht noch nicht zum Banditen.« Es gelang ihm damit, dem antifaschistischen Credo, dass alle Homosexuellen Nazis seien, zu widersprechen. Dass er es nicht schaffte, zugleich auch den Glaubenssatz in Frage zu stellen, der die Voraussetzung dieses Credos ist – dass alle Nazis homosexuell seien –, spricht Bände über den gesellschaftlichen Druck, der im Milieu des Exils geherrscht haben muss. Denn dies hätte geheißen, die Projektion der Homosexualität auf »die Nazis« zu reflektieren und die Frage gesellschaftlicher wie individueller Homosexualität auch unter Antifaschisten zu stellen. André Gide, der Homosexuelle, durfte 1936 auf Gorkis Beerdigung sprechen. Den Kommunisten galt er als großer Schriftsteller, bis er begann, die Sowjetunion zu kritisieren. Dann war er jedoch nicht einfach nur ein Renegat, wie die anderen, er war überdies ein Jugendverderber und Männerliebhaber und dekadent. Dieser Irrlogik folgend empfahl mir 2005 ein österreichischer Kommunist, der nicht deswegen mit mir nicht einverstanden ist, weil ich homosexuell bin, als geeigneten Ort meines Vortrags öffentlich: »Es würde sich etwa die Herrentoilette am Wiener Westbahnhof anbieten.«

»Es ist unwahrscheinlich, dass wir einen Kompromiss mit Vertretern eines Weltbildes schließen, die sogar eine gleichgeschlechtliche Ehe für vorstellbar halten«, sagte der ungarische Parlamentspräsident und Führer der Fidesz-Partei Laszlo Kövér auf die Frage, ob nicht doch ein Kompromiss mit der Opposition möglich wäre. Die Opposition protestierte gegen die Ausweitung der Machtbefugnisse von Ministerpräsident Orban und die Aushöhlung der Verfassung; die Homo-Ehe war gar kein Thema. Kövér und der österreichische Kommunist bedienen sich der pathischen Projektion. »Anstatt der Stimme des Gewissens hört (das Subjekt, TK) Stimmen; anstatt in sich zu gehen, um das Protokoll der eigenen Machtgier aufzunehmen, schreibt es die Protokolle der Weisen von Zion den andern zu«, schreiben Horkheimer und Adorno in der *Dialektik der Aufklärung*:

Unter dem Druck des Über-Ichs projiziert das Ich die vom Es ausgehenden, durch ihre Stärke ihm selbst gefährlichen Aggressionsgelüste als böse Intention in die Außenwelt und erreicht dadurch, sie als Reaktion auf solches Äußere loszuwerden, sei es in der Fantasie durch Identifikation mit dem angeblichen Bösewicht, sei es in Wirklichkeit durch angebliche Notwehr. Das in Aggression umgesetzte Verpönte ist meist homosexueller Art. Aus Angst vor der Kastration wurde der Gehorsam gegen den Vater bis zu deren Vorwegnahme in der Angleichung des bewussten Gefühlslebens ans kleine Mädchen getrieben und der Vaterhass als ewige Ranküne verdrängt. In der Paranoia treibt dieser Hass zur Kastrationslust als allgemeinem Zerstörungsdrang. Der Erkrankte regrediert auf die archaische Ungeschiedenheit von Liebe und Überwältigung.

Auch in jüngster Zeit, etwa zwischen 2006 und 2010 im Irak, als zahlreiche schwule Männer und Jugendliche, die sich nicht geschlechtskonform kleideten, ermordet wurden, lässt sich beobachten, dass eine Radikalisierung der Homosexuellenverfolgung ein Anzeichen unter mehreren sein kann, die eine gesellschaftliche Transgression ankündigen. In der Sowjetunion waren die Homosexuellenverfolgungen der zwanziger Jahre ein Aspekt der autoritären Formierung und ein Vorspiel zu den großen Säuberungen; in Hitlerdeutschland dienten sie der moralischen Mobilmachung und der Etablierung des antisemitischen Männerbunds. Wohin aktuelle gesellschaftliche Prozesse in zahlreichen afrikanischen Staaten, in der arabischen Welt und in Europa führen können, dazu braucht es nicht viel Phantasie; sich vorzustellen, dass die Gegner solcher Entwicklungen sich der »pathischen Projektion« in bezug auf die Homosexualität bewusst verweigern, dazu bedarf es ihrer durchaus.

Indem ich, soweit es mir möglich ist, die Namen der Opfer des Homosexuellenhasses nenne, möchte ich sie dem Vergessen entwinden und ihnen auf diesem Weg einen Nachruf zukommen lassen – zugleich ein Epitaph für jene, deren Namen wir nie erfahren werden.

Wien, im April 2015

Schwulenhass in der Krise[*]

Ist wachsender Schwulenhass ein Symptom der Krise? Dazu müsste man zunächst einmal wissen, ob Gewalttaten gegen Schwule tatsächlich zunehmen oder ob die Angehörigen einer selbstbewusst gewordenen Minderheit einfach eher Anzeige erstatten. Das ist wie bei der Gewalt in der Ehe oder der Depression: Sobald ein Thema öffentlich verhandelt werden kann, steigt die Bereitschaft, zur Polizei oder zum Arzt zu gehen. Feststellen lässt sich daher zunächst allenfalls, dass Schwulenhass in seinen vielfältigen Formen öffentlich zunehmend als verabscheuungswürdig verhandelt wird. Selbst dass »schwul« in allen möglichen Sprachen eine gängige Formel geworden ist, mit der Jugendliche sich untereinander beleidigen oder kundtun, was sie nicht mögen, sagt noch nichts darüber aus, ob es sich dabei um einen Ausdruck von Schwulenfeindlichkeit handelt oder ob sich darin schlicht die größere kulturindustrielle Sichtbarkeit einer bestimmten Lebensweise reflektiert, die »schwul« genannt wird. Immerhin lässt die Tatsache, dass in den vergangenen 20 Jahren eine Homosexuellenfrage politisch und gesellschaftlich formuliert wird – sei es in der gesellschaftlichen Debatte um die Homo-Ehe und in der wachsenden Bereitschaft, die Verfolgung von Schwulen als Menschenrechtsverletzung anzuerkennen, sei es umgekehrt in der politischen Diskriminierung und Verfolgung von Schwulen, Lesben und Transsexuellen als Agenten des dekadenten Westens –, während gleichzeitig die Krise nicht mehr nur als ökonomische, sondern als gesellschaftliche und politische allgemein geworden ist, Zusammenhänge vermuten.

Oberflächlich betrachtet scheint der Schwulenhass selbst in der Krise zu sein. Von Antidiskriminierungs- und Gleichstellungsgesetzgebungen über die Legalisierung von homosexuellen Ehen und Le-

---

[*] Erstveröffentlichung; der Beitrag basiert auf einer Artikelserie in »Konkret« 4–6/2013.

benspartnerschaften sowie die regelmäßig aufflammende Empörung über Gewalttaten gegen Schwule oder schwulenfeindliche Sprüche mehr oder minder prominenter Figuren bis zum Auftauchen schwuler Charaktere in Fernsehserien: Schwulenfeindlichkeit wird als ein Relikt vergangener Zeiten betrachtet, das öffentlich, auch von schwulen Aktivisten, mit paternalistischer Herablassung als »Homophobie« bezeichnet und abgewehrt wird. In dem Maße, in dem die Homosexuellenemanzipation sich vom Kampf einer Minderheit zur gesamtgesellschaftlichen Aufgabe entwickelte, entpolitisierte sich das Reden über die Beweggründe der Gegner dieser Emanzipation, bis nur noch der psychologische Begriff übrigblieb, mit dem gesellschaftliche Voraussetzungen für irrelevant erklärt werden.

Der Begriff »Homophobie« mag erklären können, wo die Widerstände gegen offen schwule Fußballer liegen: nämlich in der Homosozialität der Mannschaft, die davon lebt, dass das erotische Interesse, welches sie zusammenhält, nicht sexuell manifest wird. Ebenso mag »Homophobie« darüber aufklären, warum die größte Angst von männlichen Jugendlichen nicht die vor Armut, Krankheit oder persönlichen Schicksalsschlägen ist, sondern davor, schwul zu sein – es ist die Angst, nicht dazuzugehören. Allerdings bleibt im einen wie im anderen Fall offen, warum schwule Fußballer mehr als nur ein erotisches Interesse an ihren Mannschaftskollegen haben sollten, das ihnen vielleicht bewusster ist als jenen, und weshalb männliche Jugendliche sich vor nichts mehr fürchten als vor Ausgrenzung aufgrund von Homosexualität. Zwischen rechtlicher Gleichstellung und gesellschaftlicher Diskriminierung liegt offenbar ein Abgrund von Erfahrungen, die sich kein Mensch wünschen kann; eine Mischung aus realen und eingebildeten Gefahren, mit denen Schwule konfrontiert sind.

Übereinstimmend kommen internationale Studien zu dem Ergebnis, dass der Prozess der homosexuellen Selbstfindung, das Comingout, nach wie vor auch in jenen Ländern lebensgefährlich ist, in denen eine staatliche Ausgrenzung nicht mehr stattfindet und es eine große

Sichtbarkeit von schwulen Lebensentwürfen gibt. Schwule Jugendliche fürchten sich eher vor den Klassenkameraden als vor den Eltern, sie machen Erfahrungen körperlicher Gewalt und aggressiver Ausgrenzung, sie erleben, dass sie vor diesen Übergriffen nicht geschützt, sondern alleingelassen werden. Die Suizidrate ist entsprechend hoch, etwa die Hälfte der Jugendlichen hat schon darüber nachgedacht, sich umzubringen, nach unterschiedlichen Studien versuchen es zwischen 15 und 20 Prozent; wahrscheinlich mit einer hohen Dunkelziffer, denn zumeist haben sie niemanden, dem sie sich anvertrauen können.

In den USA und Großbritannien ist das Bullying genannte Quälen und Verächtlichmachen von Mitschülern zu einem gesellschaftlichen Problem erklärt worden, nachdem es spektakuläre Selbstmordfälle gegeben hat: Jugendliche, die sich als schwul, lesbisch oder trans geoutet hatten, aber auch solche, die für queer gehalten wurden und keinen anderen Ausweg mehr sahen. Die von vielen US-Prominenten unterstützte Kampagne »It gets better« sollte 2010 Jugendliche ermutigen, in kurzen Youtube-Clips von ihren Erfahrungen zu berichten und anderen Mut zu machen, zu sich selbst zu stehen. Unmittelbarer Anlass war der Suizid von Tyler Clementi, dessen Liebesnacht mit einem Mann aufgezeichnet und von zwei seiner Mitstudenten ins Internet gestellt worden war. Er stürzte sich von der George Washington Bridge, die das nördliche New Jersey mit Upper Manhattan verbindet. Einer, der daraufhin seinen Mut zusammennahm, war Jamie Rodemeyer, ein 14jähriger Bisexueller aus der Nähe von New York; er nahm sich im September 2011 das Leben, nachdem die Beleidigungen in seiner Schule und via Facebook nicht nachließen und er keine Unterstützung erhalten hatte. Für ihn war nichts besser geworden.

Dass solche gutgemeinten Kampagnen an der Lebensrealität der betroffenen Jugendlichen nur wenig ändern können, ist zwar richtig, zugleich zeigen sie aber auch das Interesse einer großen Öffentlichkeit für diese Lebensrealität. Wo das nicht so ist, wie etwa in Deutschland, erscheint die Situation von sexuellen Minderheiten als weitgehend normalisiert und so, als sei deren einzige Sorge, endlich richtig und in echt heiraten zu dürfen.

Nachrichten von antischwulen Maßnahmen wirken dementsprechend, als kämen sie aus einer anderen Welt. Als Russland »homosexuelle Propaganda« zum Offizialdelikt erklärte, bestimmte eher Befremden ob solcher Rückständigkeit als Protest und Empörung die hiesigen öffentlichen Reaktionen. Die Ablehnung der Legalisierung gleichgeschlechtlicher Partnerschaften in Polen rief Überraschung hervor – aber nur, weil niemand geglaubt hatte, dass »die Polen« schon so weit wären. Ganz anders die Überraschung in Frankreich, wo Hunderttausende Katholiken und Konservative gegen die *Mariage pour tous* auf die Straße gingen – vergleichbare Proteste hatte es selbst in noch katholischeren Ländern wie Spanien und Portugal nicht gegeben. In Spanien wurde seinerzeit Papst Johannes Paul II. eingeflogen, um wenigstens eine nennenswerte Massenkundgebung gegen die Homo-Ehe zustande zu bringen.

Die Haltung gegenüber den Verhältnissen in Osteuropa ist mit Verständnis für die Völkerschaften verbunden, die nach dem Realsozialismus nun eine gesellschaftliche Entwicklung nachholen sollen, die selbstverständlich nur in eine Richtung weist – tatsächlich sind in vielen osteuropäischen Staaten die Gesetzgebungen fortschrittlicher als die gesellschaftliche Realität: Antidiskriminierungsgesetze sind Pluspunkte für einen EU-Beitritt –, und deswegen zeigen sich von Grünen-Politikern bis zu linken Queer-Aktivisten Westeuropäer gern bei der Festnahme durch russische Sicherheitskräfte in Moskau oder bei der Durchführung von Homosexuellenparaden in Warschau: Schön muss es sein, einmal Weltgeist spielen zu dürfen und die Aufklärung auch in abgelegene Gebiete zu bringen, vor allem, wenn man schnell wieder zurück nach Berlin kommt.

Die Situation der Schwulen im Osten aber bleibt erbarmungswürdig, zumal dort, wo ein EU-Beitritt ausgeschlossen ist. Merkwürdig an den genannten Solidaritätsbekundungen ist dabei nicht die Unterstützung von Gruppen vor Ort, sondern der Konfrontationskurs, mit dem gegen Regierungen protestiert wird, die nicht die eigenen sind, während anderswo der Schwulenhass als kulturelle Eigenheit keinerlei Kritik am Tun der Herrschenden hervorruft. Das ist wahrhaft queer: Wo der Dialog möglich wäre – in Warschau beispielsweise –, inszenieren westliche Aktivisten ihre radikale Jugend ein zweites Mal und polarisieren die Öffentlichkeit (ausbaden müssen es ohnehin andere), während sie dort einen »kritischen Dialog« fordern, wo in Wirklichkeit Konfrontation nötig wäre. Nach Mauretanien, in den Iran, nach Saudi-Arabien, in den Jemen oder den Sudan, in die Vereinigten Arabischen Emirate und die nördlichen Bundesstaaten Nigerias trauen sich die westlichen Aktivisten aus guten Gründen nicht, sie sind aber auch bemerkenswert zahm in der Formulierung ihrer Kritik: In diesen Ländern können homosexuelle Handlungen nach der Scharia mit dem Tod bestraft werden. Anders als im Falle Polens oder Russlands pocht man in diesen Fällen auf Respekt vor fremden Kulturen; die Menschenrechte, die dort eingefordert werden, unterliegen südlich und östlich des Mittelmeers einem Verdikt über den Kolonialismus. Mit diesem Verdikt lässt sich leicht verdrängen, dass sich der deutsche Rassismus im zwanzigsten Jahrhundert mit Vorliebe an den »Untermenschen« des Ostens austobte.

Die Zurückhaltung gegenüber den Zuständen in den Ländern des Südens, in der sich die Kumpanei mit Despoten, Massenmördern und »Kulturen« als Abkehr vom Paternalismus und postkoloniale Bescheidenheit geriert, hat sich zuletzt anlässlich der französischen Intervention in Mali gezeigt, einem der 18 von 55 Staaten Afrikas, in denen homosexuelle Handlungen nicht unter Strafe stehen (was an sich nicht viel heißen muss) – bis im Norden die islamistischen Milizen die Scharia einführten. Für die weltweite Linke war das eine Petitesse im Gegensatz zu den unterstellten ökonomischen und geopolitischen Interessen der Interventionsmacht. Für zwei Männer aus Gao hingegen war die Intervention Rettung in letzter Minute: Badou Ahmed und

Alitiin Ag Oussman waren vom Scharia-Gericht wegen homosexueller Handlungen zum Tode verurteilt worden, letzterer hätte nur einen Tag nach der Befreiung der nordmalischen Stadt hingerichtet werden sollen. Badou Ahmed wurde schwer gefoltert und bewusstlos geschlagen, sein Körper ist mit Narben übersäht. »Hätten die französischen Soldaten die beiden malischen Männer, die heute hingerichtet werden sollten, nicht gerettet und befreit, ihre Misere und ihr Tod wären nicht bemerkt worden. Es muss die Frage gestellt werden, wieviele schwule Männer im Namen eines verfälschten Islam hingerichtet und gefoltert wurden, ohne dass davon berichtet oder nur Notiz genommen wurde«, kommentierte der keiner Islamophobie verdächtige moslemische schwule Aktivist Omar Kuddus aus London im Internetportal »Gay Star News«. Diese Frage stellt sich nicht nur in Mali.

In der südiranischen Stadt Shiraz wurden am 6. August 2014 vier Männer öffentlich gehängt; zwei von ihnen, Abdullah Ghavami Chahzanjiru und Salman Ghanbari Chahzanjiri, wurden nach Angaben der Behörden wegen einvernehmlicher sexueller Handlungen hingerichtet. Das hatte es im Iran einige Jahre lang nicht gegeben, seit 2005 wurden Homosexuelle zumeist der Vergewaltigung Minderjähriger beschuldigt, denn einen Vergewaltiger zu hängen macht sich international besser, weswegen eine Zeitlang Vergewaltigung das neue Schwul im Iran war. Im Zuge der russischen Gesetzgebung und insgesamt in dem Maße, in dem die Homosexuellenfrage zu einem Thema der ideologischen Auseinandersetzung zwischen dem Westen und dem Rest der Welt geworden ist, scheint es so, als habe der Iran ein Zeichen setzen wollen – allerdings weitgehend ignoriert sowohl von der westlichen Öffentlichkeit als auch von der LGBT(LesbianGayBiTrans)-Community.

Als nach der Hinrichtung von Mahmoud Asgari, 16, und Ayaz Marhony, 18, im Sommer 2005 die Empörung weltweit wuchs, weil es hieß, die beiden seien wegen ihrer Homosexualität hingerichtet worden, schob das Regime schnell die Behauptung hinterher, die beiden hätten einen 13jährigen vergewaltigt. Als 2007 Makwan Moloudzadeh hingerichtet wurde, weil er im Alter von 13 Jahren drei Jungen vergewaltigt haben sollte, war die Aufregung deutlich geringer – und im aktuellen Fall gab es sie gar nicht mehr. Von Amnesty International bis zu Human Rights Watch (HRW) wurde der Justizdoppelmord von 2005 lediglich unter dem Aspekt der Hinrichtung Minderjähriger behandelt; Paula Ettlebrink von der International Gay and Lesbian Human Rights Commission verstieg sich zu der Behauptung: »It was not a gay case.« HRW beklagte die Indifferenz gegenüber dem mutmaßlichen 13jährigen Opfer, obwohl es im iranischen Recht vollkommen gleichgültig ist, ob homosexuelle Akte konsensuell oder gewaltförmig stattfinden, und es sich somit immer um eine Vergewaltigung handelt, bei deren Verhandlung normalerweise auch das Opfer auf der Anklagebank sitzt.

Mit dieser Maßgabe konnte sich das iranische Regime offenbar so lange durchsetzen, bis es nun nicht mehr notwendig zu sein scheint. Der seinerzeit für die Schwulen-, Lesben- und Transrechte bei HRW zuständige Scott Long machte sich in einem Artikel für die Zeitschrift »Contemporary Politics« 2009 über die Vorstellung lustig, Asgary und Marhony könnten tatsächlich Liebende gewesen sein; dies diene nur dazu, westliche Vorurteile zu bedienen und den Krieg gegen den Iran vorzubereiten. Der Verlag Routledge, in dem die Zeitschrift erscheint, und HRW mussten sich 2012 für die Angriffe Longs, die sich in erster Linie gegen den Aktivisten Peter Tatchell und die Londoner Gruppe OutRage richteten, die 2005 als erste die Informationen über die Hinrichtung verbreitet hatten, entschuldigen; der Artikel wurde aus dem Archiv von »Contemporary Politics« gelöscht. Allerdings hatte die Kampagne ihre Funktion längst erfüllt. Insgesamt ist die Beurteilung auch der grausamsten und dümmsten schwulenfeindlichen Ereignisse deutlich zurückhaltender geworden, wenn es sich bei den Vollstreckern um Moslems oder Schwarze handelt, also um mit westlichen Augen konstruierte Gruppen, deren zugeschriebener Status als Opfer des Westens oder des Kolonialismus ihnen mehr als anderen erlaubt. Wenn das nicht rassistisch ist, was dann?

Die nur als barbarisch zu bezeichnenden Zustände in Teilen Ostafrikas, wo auf wirkliche oder angebliche Schwule regelrechte Hetzjagden veranstaltet werden, nachdem das Thema Homosexualität eine völlig unerwartete Aufmerksamkeit erfahren hat, machen das Dilemma deutlich. Die nun schon über sechs Jahre währende Auseinandersetzung um das Bahati-Gesetz in Uganda (benannt nach dem Parlamentsabgeordneten David Bahati, der den Entwurf einbrachte), welches drakonische Strafen bis zum Tod für Homosexualität vorsieht, war ein erster Höhepunkt der Kampagne, die 2010 in dem Outing von 100 angeblichen oder wirklichen Schwulen und Lesben durch die Zeitung »Rolling Stone« eskalierte: »Hang them! They are after our kids.« Am 26. Januar 2011 wurde der Aktivist David Kato in seinem Haus überfallen und zu Tode geprügelt, die Behörden behaupteten, es habe sich um einen Raubüberfall gehandelt. 2014 wurde das Gesetz in veränderter Form – lebenslange Haft statt Todesstrafe für »Wiederholungstäter« – von Ugandas Staatspräsident Yoweri Museveni in Kraft gesetzt; wenige Monate später kassierte das Oberste Gericht Ugandas das Gesetz und verwies es zurück ans Parlament. Ähnlich wie in Nigeria sieht das Gesetz hohe Haftstrafen für alle vor, die von schwulen oder lesbischen Beziehungen wissen und sie dulden oder unterstützen. Während aber in Nigeria die Situation auch von der Auseinandersetzung mit dem Islamismus geprägt ist, hat im christlich geprägten Uganda eine kleine, aber selbstbewusste Selbstorganisierung von Homo- und Transsexuellen stattfinden können, die die Einführung des Gesetzes mit Untergrundhochzeiten gleichgeschlechtlicher Paare beantwortet und regelmäßig versucht, sich mit kleinen Demonstrationen in der Öffentlichkeit zu zeigen.

Neu an dieser Entwicklung ist nicht die gesellschaftliche und staatliche Verfolgung homosexueller Praktiken, sondern dass die sexuelle Orientierung an sich unter Strafe gestellt werden soll. Homosexualität ist »unafrikanisch«, wie unisono Politiker dieser Staaten von sich geben. Dass die Gesetze, mit denen die unafrikanische Lust verfolgt wird, zumeist aus der Kolonialzeit stammen und die Religionen, mit denen die Verfolgung gerechtfertigt wird, also die christliche und die islamische, ebenfalls ziemlich unafrikanisch sind und eigentlich ebenfalls zum Erbe der Kolonisatoren gehören; dass es so etwas wie eine afrikanische Kultur nie gegeben hat und nicht gibt, weil schon Afrika selbst eine Erfindung der moslemischen und christlichen Sklavenhändler war, worauf Aktivisten in den ostafrikanischen Staaten nicht müde werden hinzuweisen – all das zeigt die Verwandlung der antikolonialen Ideologie von der Tragödie zur tödlichen Farce. In Ermangelung anderer Feinde nehmen sich die Gegner in den politischen Arenen dieser Staaten vor allem die Schwulen heraus, die vom Westen bezahlt würden, um Kinder mit HIV zu infizieren. Tatsächlich sind es westliche, genauer amerikanische Evangelikale, die ihren finanziellen Teil zur christlich grundierten Barbarisierung des afrikanischen Kontinents beitragen, und sie können dabei auf das antikoloniale Erbe bauen, welches die Homosexualität schon immer als Problem westlicher Lebensart verstanden hat. Noch 1999 hatte Museveni die Übertragung von HIV durch gleichgeschlechtlichen Sex ausgeschlossen, »weil wir keine Homosexuellen in Uganda haben«. Der ehemalige iranische Präsident Mahmoud Ahmadinedschad, Dr. h.c. der Universität von Havanna, sollte ihn wenige Jahre später in New York zitieren.

Über die Anzahl derer, die solche Verhältnisse zum Anlass der Flucht nehmen, ist nichts bekannt, denn auch auf der Flucht müssen sie sich verstecken. Viele von ihnen flüchten wie andere vor Armut, Hunger und Bandenherrschaft; viele aber auch, weil sie in solch barbarischen Verhältnissen bevorzugte, weil wehrlose Ziele der Manifestationen des Hasses sind. Die wenigen existierenden Schätzungen, die auf Erfahrungen und Zahlen von Nichtregierungsorganisationen (NGO) beruhen, gehen davon aus, dass ohnehin nur ein Bruchteil die Beschwernisse der Flucht auf sich nimmt, weil die Verhältnisse in den umliegenden Ländern meistens auch nicht besser sind und der Transit in europäische oder nordamerikanische Länder Jahre in Anspruch nehmen kann und es zudem keineswegs sicher ist, dass dort Asyl gewährt wird.

Oram, die einzige internationale NGO, deren Arbeit ausschließlich der Wahrung der Rechte und dem Schutz von Schwulen, Lesben und Transpersonen gewidmet ist, hat in einer im Juni 2012 erschienenen Untersuchung versucht, das Missverhältnis zwischen den Lebensbedingungen und den Fluchtmöglichkeiten dieser Menschen darzustellen. Die Schätzung geht davon aus, dass rund 175 Millionen Menschen, also 2,5 Prozent der Weltbevölkerung, lesbisch, schwul oder transsexuell sind und in Verhältnissen leben, in denen sie verfolgt werden würden, wenn und sobald ihre sexuelle Orientierung bekannt würde. Oram schätzt nun, dass dies bei etwa einem Prozent der Fall ist, von dem sich aber wiederum nur ein Prozent überhaupt auf die Flucht begeben kann – am Ende stehen etwa 2.500 Menschen weltweit, denen aufgrund von Diskriminierung wegen ihrer sexuellen Orientierung ein rechtlicher Status zuerkannt wird. Nur 15 Staaten erkennen einen solchen Verfolgungsgrund an.

Es gibt keinen sicheren Hafen, und offenbar fliehen nur jene, die wirklich nicht mehr anders können: Zumeist ist es eine Mischung aus staatlicher Verfolgung, familiärer Unterdrückung und sozialer Erpressung, zum Beispiel in Scheinehen, die in der Angst um das eigene Leben gipfelt, so dass nur noch die Flucht ins Ungewisse oder der Suizid bleibt. In zahlreichen Berichten von schwulen Flüchtlingen ist der letzte Grund für die Flucht die Ermordung des Geliebten. Die Flüchtlinge bleiben unsichtbar, zum einen, weil sie es so gelernt haben, zum anderen, weil sie neue Verfolgung befürchten müssen. In den Ländern, in die sie flüchten können, ist Homosexualität zumeist unter Strafe gestellt, und ohne die geringsten Rechte sind sie der Willkür der örtlichen Bevölkerung und der NGOs ausgesetzt, die keineswegs alle sehr aufgeschlossen sind. Wiewohl die meisten NGOs angeben, keine Unterschiede zu machen und allen Flüchtlingen zu helfen, gibt es doch in der konkreten Umsetzung offenbar Unterschiede, wie die Untersuchung von Oram zeigt: Es handele sich dabei nicht nur um eine antidiskriminierende Blindheit, die alle gleich behandelt und damit alle gleich unsichtbar macht, sondern teilweise auch um Ressentiment.

So berichtete ein iranischer Schwuler aus der Türkei, dass seinen Freunden und ihm bei der Nahrungszuteilung durch eine NGO das Essen verweigert wurde, weil sie »unrein« seien: Folge eines kaum lösbaren Widerspruchs der internationalen Flüchtlingspolitik. Schwule Flüchtlinge aus dem Irak und dem Iran stranden zum größten Teil im Süden der Türkei, nachdem sie mit Hilfe von professionellen Fluchthelfern, die damit ihr Geld verdienen, ihre Heimat verlassen haben. Zuvor mussten sie alles, was sie hatten, zu Geld machen, um ihre Flucht zu bezahlen. Soweit, so üblich für Flüchtlinge. In den kurdischen Gebieten und in der Türkei existieren *safe houses*, die sowohl von Fluchthelfern als auch von NGOs betrieben werden, wo diese Flüchtlinge unterkommen, weil sie oft zuviel Angst vor den anderen Flüchtlingen aus ihren Herkunftsländern haben. Um einen legalen Status zu bekommen, müssen sie sich beim UNHCR, dem Flüchtlingsrat der Vereinten Nationen, melden. Werden sie anerkannt, erhalten sie zumindest eine Grundversorgung, dürfen aber nicht arbeiten. Einige dieser Flüchtlinge können andere politische Verfolgungsgründe als ihre sexuelle Orientierung geltend machen, zum Beispiel die Zugehörigkeit zu einer verfolgten ethnischen Minderheit, von denen es im Iran und Irak sehr viele gibt; andere geben die eigentlichen Gründe für ihre Verfolgung an, entweder weil sie nichts mehr zu verlieren haben und alles auf eine Karte setzen oder weil sie sich nicht mehr verstekken können oder wollen. Werden ihre Fluchtgründe anerkannt, sind sie zugleich als *sexual minority refugees* geoutet in einer Gesellschaft, die mit ihnen nichts zu tun haben will. Die Zuschreibung, die ihnen immerhin einen legalen Status verleiht, setzt sie zugleich der Diskriminierung aus. Diejenigen, die nicht anerkannt werden, müssen in der Illegalität ausharren, was für Schwule oftmals heißt, sich doppelt zu verstecken und deswegen doppelt erpressbar zu sein. NGOs sprechen deswegen auch von einer besonderen »Vulnerabilität« dieser Flüchtlinge – sie haben noch weniger als andere Zugang zu Nahrung und medizinischer Versorgung, sie sind sozial isoliert und finden gerade bei Landsleuten keine Unterstützung. Für diejenigen, die es geschafft haben, beginnt das jahrelange Warten auf ein Visum nach Europa oder der Versuch, noch einmal Geld aufzutreiben, um sich illegal weiterschleusen zu lassen.

In anderen Teilen der Welt unterscheidet sich die Situation je nachdem, wie groß das Ausmaß der Verfolgung ist: Der Süden Ecuadors ist zum Beispiel ein Rückzugsgebiet für zahlreiche kolumbianische Homo- und Transsexuelle, die in regelmäßigen Wellen flüchten, wenn Guerillas und Paramilitärs ihre berüchtigten Kampagnen starten, dann aber zeitweise auch wieder zurückkehren. Im Zentrum des afrikanischen Kontinents hingegen sind diese Gruppen Bestandteile riesiger Fluchtbewegungen, allerdings kehren die wenigsten in ihre Herkunftsländer zurück, wenn etwa ein Bürgerkrieg vorbei ist – der Hass auf sie ist unabhängig von der politischen Konjunktur und unabhängig von den Machthabern. Der Weg hinein in die Festung Europa scheint unüberwindlich, dazu kommt die Gefahr, von Mitreisenden identifiziert und umgebracht zu werden. Ein realistischeres Ziel ist für viele dieser Flüchtlinge aus Ostafrika deswegen Israel geworden. Zusammen mit anderen, die aus sehr unterschiedlichen Gründen ihre Länder verlassen, begeben sie sich nach Ägypten, um über den Sinai geschleust zu werden. Der Transit durch den Sinai ist nach den Aussagen der afrikanischen Ankömmlinge ebenso gefährlich wie der Versuch, durch das Mittelmeer nach Europa zu kommen, und zwar nicht nur aufgrund der Gefahren, die in der Wüste lauern, sondern wegen der Beduinen, die sich aus rassistischen Motiven heraus nicht an finanzielle Vereinbarungen halten und die noch unberechenbarer sind als andere Fluchthelfer. Zahlreiche der Flüchtlinge, die es bis nach Israel schaffen, kommen in einem erbärmlichen Zustand dort an und berichten, dass sie im Sinai geschlagen, gefoltert, vergewaltigt und ausgeraubt worden seien.

Israel, als Flüchtlingsstaat gegründet, hat nicht damit gerechnet, eines Tages auch für Nicht-Juden ein attraktives Ziel zu werden; jahrzehntelange antiisraelische und antisemitische Propaganda in den nationalbefreiten afrikanischen Diktaturen – ob mit oder ohne islamischen Einschlag – scheinen wenig nachhaltig gewirkt zu haben. Jedenfalls hat Israel bis heute keine politische Strategie für den Umgang mit den nicht-jüdischen Neuankömmlingen entwickelt, die keine Palästinenser und in ihrer Mehrheit nicht moslemisch sind. Genauso wie in der Türkei ist der UNHCR für die Flüchtlinge zuständig, erst nach und nach entstehen staatliche Strukturen für Flüchtlinge. Flüchtlinge, die ihre sexuelle Orientierung als Fluchtgrund angeben, müssen, ebenso wie die Flüchtlinge in der Türkei, auf ihre Weitervermittlung in Drittstaaten warten, sofern sie anerkannt werden. Der Unterschied zur Türkei liegt für schwule Flüchtlinge aber in der vergleichsweise großen Akzeptanz, der Nichtdiskriminierungspolitik und der großen und aktiven Community in Israel, die diese Flüchtlinge zu unterstützen versucht.

Besonders schwierig ist die Situation von palästinensischen Schwulen, die aus dem Uno-Staat Palästina fliehen müssen, weil sie dort mit dem Tod bedroht sind. Zum einen sind die Grenzen – entgegen der Darstellung der Palästinenser – noch so durchlässig, dass Familienangehörige in Israel Jagd auf die Flüchtigen machen können, um sie zurückzuholen oder gleich umzubringen; zum anderen gilt für diese Flüchtlinge, dass sie bereits – nach dem Statut der Uno – Flüchtlinge sind und deswegen die eigens für sie geschaffene UNRWA nach der Flüchtlingskonvention für sie zuständig ist, die sich aber für Menschenrechtsbelange nicht zuständig hält (statt dessen lernen palästinensische Kinder in UNRWA-finanzierten Schulen ab der ersten Klasse den antisemitischen Hass). In den Augen der Sicherheitskräfte sind diese Schwulen zudem, wie andere Palästinenser auch, in erster

Linie ein Sicherheitsrisiko, deswegen werden sie abgeschoben, sofern sie sich keine anderweitige Unterstützung organisieren können. Viele kehren dann nach Israel zurück, weil ein Leben auf der Straße oder auf dem Strich immerhin Leben ist. Schwule Palästinenser sind aus diesen Gründen in ihrer Mehrheit illegal in Israel und ebenfalls auf die Unterstützung der schwulen Community angewiesen.

Für schwule Flüchtlinge gilt alles, was auch für andere Flüchtlinge gilt. Ein wesentlicher Unterschied liegt darin, dass sie selbst oft keine Vorstellung von dem haben, wer sie sind und was sie sind. Ihr Anderssein wurde durch die Verfolgung und das für sie in vielen Fällen namenlose andere Begehren erst geschaffen. In vielen Gegenden Afrikas ist *gay* nur, wer passiv genießt – der aktive Part ist *straight* und gilt auch als heterosexuell. Die Selbstdefinitionen der Flüchtlinge haben oft wenig mit dem zu tun, was im Westen unter schwul verstanden wird. Diesen Umstand nehmen nicht nur iranische Präsidenten, sondern auch amerikanische Queer-Theoretikerinnen zum Anlass zu behaupten, Homosexualität sei eine westliche Erfindung. Sosehr der Begriff der Homosexualität das auch ist – er ist ein Produkt der Wissenschaft des 19. Jahrhunderts –, sowenig ist das Begehren, welches er beschreibt, auf den Westen beschränkt. Ein Flüchtling aus dem Sudan, der in Israel lebt, sagte, er habe erst dort erfahren, dass es ein Wort für sein Begehren gibt. Andere erzählen, sie hätten davon gehört und seien deswegen geflohen. Ein Flüchtling und Aktivist aus dem Iran meinte im Gespräch mit mir, er wisse da keine Lösung: Die Begriffe, die das eigene Begehren definieren, wirkten wie ein fernes, unerreichbares Versprechen, aber dieses Versprechen, das der Emanzipation, sei nun einmal in der Welt. In der Unwissenheit über sich selbst hätten diese Menschen wahrscheinlich besser gelebt; nun bliebe ihnen nur noch die Flucht – oder der Aufbau eigener Communities, zunächst im geheimen. Eigentlich, so sagte er, müssten wir letzteres unterstützen; die Perspektive, auf der Flucht ein besseres Leben zu finden, sei für die meisten unrealistisch. Im Gegenteil würde die Flucht das Elend nur verlängern, das für die Schwulen ein doppeltes sei: Das Elend der Flucht und das Elend der Auseinandersetzung mit sich selbst. Das überlebten nicht viele.

Diese Schlaglichter auf eine globale Wirklichkeit zeigen vor allem eines: wie überaus grotesk die Angst europäischer Regierungen ist, von einer Welle von Flüchtlingen überrannt zu werden, die angeben, wegen ihrer sexuellen Orientierung verfolgt zu werden, ohne dass dies den Tatsachen entspräche. Tatsache ist vielmehr, dass die meisten schwulen Flüchtlinge ihre Homosexualität verschweigen und weder gegenüber den Asylbehörden noch in ihren Unterkünften angeben. Dennoch werden Flüchtlinge, die es nach Europa geschafft haben, in Tschechien sogenannten Penistests unterzogen, bei denen die Erektion beim Zeigen von schwuler Pornographie gemessen wird; in Belgien und Großbritannien wurden Lesben und Schwule nach ihren musikalischen und sexuellen Vorlieben gefragt, um herauszubekommen, ob sie tatsächlich gleichgeschlechtlich begehren; und auch in anderen europäischen Ländern, etwa in Deutschland und Österreich, finden peinliche Befragungen statt, die in den meisten Fällen die Ablehnung von Asylanträgen zur Folge haben. Mit der Empfehlung, sich in ihrem Heimatland zu verstecken, wurden jene, die überhaupt die Kraft aufgebracht haben, die wirklichen Gründe ihrer Flucht zu benennen, bis 2012 aus Deutschland abgeschoben. Doch dies scheint sich nun geändert zu haben: »Einem Antragsteller ist es grundsätzlich nicht zumutbar, gefahrenträchtige Verhaltensweisen zu vermeiden, um einer Verfolgung auszuweichen, die ihm andernfalls, zum Beispiel wegen seiner sexuellen Ausrichtung, drohen würde«, schrieb das Bundesamt für Migration und Flüchtlinge Anfang 2013 auf eine Anfrage des grünen Bundestagsabgeordneten Volker Beck. Bleibt nur der überzeugende Homo-Nachweis, der jedoch kaum zu erbringen ist. In Österreich wird im Zweifel ein sexologisches Gutachten in Auftrag gegeben, welches die sexuelle Orientierung nachweisen soll. Dass tendenziell Methoden angewandt werden, die anderswo – in gröberer Form – der Verfolgung dienen, schafft für diese Flüchtlinge eine widersprüchliche Situation: Was bislang ihr Leben bedrohte, soll es mit einem Mal schützen? Der Penistest in Tschechien und die anale Untersuchung im Libanon oder Tunesien, bei der aufgrund der Kontraktion des Schließmuskels festgestellt werden soll, ob jemand passiv Analverkehr ausgeübt hat, entspringen der gleichen Überlegung, Homosexualität physisch messbar zu machen. Die psychologische Begutachtung nicht etwa eines Verfolgungstraumas, sondern einer sexuellen Orientierung kann ebensogut zur Diskriminierung genutzt werden – es kommt lediglich auf die Zeit und den Ort an.

Angesichts dieser Verhältnisse könnte man sich in der Tat fragen: »Why the fuss about gay marriage?« – so der Tenor eines CNN-Kommentars zur Debatte in den USA: Ginge es nicht zuerst um die Einhaltung der allgemeinen Menschenrechte, des Rechts auf Leben zum Beispiel? Die schiere Zahl von Hassverbrechen vor allem gegen Schwule und Transsexuelle auch im Westen – in Großbritannien allein 2012 über 4.000 Straftaten, die bei massiver Bedrohung und Einschüchterung beginnen und beim Mord enden (für Deutschland und Österreich existieren entsprechende Zahlen nicht, weil es die Kategorie des »Hassverbrechens« nicht gibt); die Tatsache, dass es auch in Europa ein queeres Flüchtlingsproblem gibt, das als Obdachlosigkeit von schwulen, lesbischen und transsexuellen Jugendlichen höchstens am Rand auftaucht, aber zahlenmäßig in den entsprechenden Einrichtungen der Jugend- und Wohnungslosenhilfe an Bedeutung gewinnt, ohne dass es von diesen öffentlich gemacht werden würde; Tendenzen der erneuten Kriminalisierung von HIV-Positiven und Aids-Kranken in Europa und anderswo; last but not least die Situation der homo- und transsexuellen Flüchtlinge – welche Funktion hat darin die rechtliche Gleichstellung schwuler und lesbischer Paare und Familien?

Aus der Perspektive einer universellen Emanzipation ist der Kampf gegen Verfolgung und Diskriminierung von Homosexuellen und für die rechtliche Gleichstellung von homosexuellen Partnerschaften ein Abwehrkampf gegen die Lust am Zerfall, die der gezielten Ermordung von Schwulen, Lesben und Transsexuellen in vielen Weltgegenden immer mehr Möglichkeiten zur Realisierung verschafft. Zugleich hat es homosexuelle »Ehen« auch ohne gesetzliche Sanktion immer gegeben, sogenannte Regenbogenfamilien, in denen gleichgeschlechtliche Partner/innen auch mit Kindern zusammenleben. Das Bedürfnis, diese Verwandtschaftsverhältnisse rechtlich abzusichern, ist ebensosehr ein Symptom der Krise, wie auf der anderen Seite die Angst vor der »Verschwulung der Welt« (so ein Buchtitel von 2006): In beidem, im Bedürfnis wie in der Angst, kommt die Befürchtung der Auflösung eigener Subjektivität im permanenten Ausnahmezustand zum Tragen, in dem es so etwas wie Individualität nicht geben darf, sondern nur den alltäglichen Kampf ums Überleben.

Die Behauptung, dies sei für die Mehrheit der Weltbevölkerung bereits Wirklichkeit, weswegen diese sich nicht so für schwulen Kram interessiere, ist zugleich wahr und unwahr: Wahr daran ist, dass Menschen, ob sie nun schwul, lesbisch, hetero oder sonstwas sind, in vielen Gegenden der Welt sich Sorgen machen müssen um das tägliche Brot, um Wasser, Bildung oder darum, wie sie irgendwelchen Milizen entfliehen können. Dass trotz Bürgerkrieg, politischer Krise und prekärer Versorgungslage Angehörige sexueller Minderheiten im Süden ihr Recht auf Leben nicht nur als Menschen, die essen wollen, sondern auch als solche verteidigen, die lieben und Sex haben wollen, ohne dafür verfolgt oder gar umgebracht zu werden, ist eine Realität, die nicht in das Konzept wohltätiger Europäer passt, die mit Afrika aufgeschwemmte Kinderbäuche assoziieren und mit Lateinamerika tanzende Indios mit traurigen Augen: Letztlich haben sie Angst vor einer Freiheit, die mehr sein könnte als die Freiheit, sich in Hungernde einfühlen zu dürfen. Nicht das Fressen, der Hunger stiftet die Moral – die Moral des Rackets nämlich, das das Elend zur Rechtfertigung der Barbarisierung nutzt.

Ebenso erschließt sich vor diesem Hintergrund die Bedeutung des schönen Scheins des bürgerlichen Rechts für Schwule und andere sexuelle Minderheiten. Dass es eben jenes Recht ist, welches in Deutschland den § 175 noch bis 1994 kannte, mit dem homosexuelle Beziehungen zwischen Männern kriminalisiert wurden, tut dem offenbar keinen Abbruch: Welche Alternative gibt es denn zur rechtlichen Gleichstellung? Die Schwulenbewegung im Gefolge der Krawalle in der New Yorker Christopher Street von 1969 wollte die Gesellschaft verändern, einige wollten die Revolution, andere wollten ein anderes Leben im Hier und Jetzt, die allermeisten wollten feiern, ohne von der Polizei belästigt zu werden. Diese Bewegung zerbrach in den achtziger Jahren an Aids. Die verschiedenen Fraktionen hatten entsprechend unterschiedliche Antworten auf diese Krise, die mit der unmittelbaren Gefahr erneuter Kriminalisierung und Ausgrenzung verbunden war. Die Freunde des Ausnahmezustands wollten sie zur Radikalisierung des antikapitalistischen Protests nutzen, die anderen verfolgten realpolitische Lösungen, um das Schlimmste zu verhindern; die allermeisten zogen sich zurück und trauerten um ihre Freunde, kämpften selbst mit der Krankheit, der Angst und der Ausgrenzung. In den USA konnte mit diesem prekären Bündnis nicht nur das Schlimmste verhindert, sondern die Situation geradezu umgedreht werden; die Schwulen wurden nicht mehr als promiskuitive Virenverteiler angesehen, sondern als Menschen, die Angst haben und die trauern. Zugleich aber veränderte die Aids-Krise auch die Schwulen selbst, in ihrer Trauer stellten sie sich die Frage nach dem Stellenwert ihrer Beziehungen: Freunde wurden in Krankenhäusern nicht über den Zustand ihrer Nächsten unterrichtet, durften nicht an Beerdigungen teilnehmen oder fanden keinen Friedhof, wo sie ihre Toten beerdigen konnten.

Eher unbewusst nährte diese Erfahrung den Wunsch nach rechtlicher Anerkennung schwuler Liebe; sehr bewusst hingegen war die Erfahrung von Willkür, von der Abhängigkeit von gesellschaftlichen Stimmungen, denen sich viele Schwule nicht mehr ausgesetzt sehen wollten. Dass die Auseinandersetzung um die Homo-Ehe vor dem Supreme Court in den USA 2013 mit den großen Entscheidungen gegen das Verbot von Ehen zwischen Schwarzen und Weißen 1967 und gegen das Verbot der Abtreibung vor dreißig Jahren – also mit großen Erfolgen der Bürgerrechts- und Frauenbewegung – in Verbindung gebracht wurde, zeigt diese Wandlung auf.

Die Frage nach dem Stellenwert von Beziehungen nahm auch die radikale Fraktion auf, aus der die *queer theory* entstand. Judith Butler schrieb ihr 1990 in den USA erschienenes Erstlingswerk *Gender Trouble* unter dem Eindruck der Aids-Krise, in dem sie die aufkommende Bürgerrechtspolitik der Schwulen als Identitätspolitik kritisierte und das Bündnis der Aids-Krise aufkündigte – mit der Begründung, die einseitige Konzentration auf Schwulenrechte würde andere Minderheiten benachteiligen und unsichtbar machen. Warum diese Minderheiten sich nicht selbst vertreten und eigene Forderungen aufstellen können, beantwortete sie nicht; auch nicht, warum die schwulen Männer es sich ausgesucht haben sollen, im Zentrum der Aids-Panik zu stehen.

Damals wie heute hat die *queer theory* keinen Begriff vom Schwulenhass – und auch keinen vom Antisemitismus. So, wie den Schwulen vorgeworfen wird, sie hätten von der Aids-Krise profitiert und sich ihr warmes Plätzchen in der Mitte der Gesellschaft gesichert, wird Israel beschuldigt, die Shoa für sich zu reklamieren oder Bürgerrechte für Schwule zu garantieren, um sich gegen die Kritik an der Besatzungspolitik immun zu machen. Jede selbstbewusst auftretende Minderheit bedient in dieser Logik des Diskurses die Macht, andere Minderheiten unsichtbar zu machen. Die Frage, weshalb die Schwulen so gehasst werden oder warum Israel der Jude unter den Staaten ist, wie Leon Poliakov es einmal ausdrückte, wird nicht nur zufällig nicht beantwortet; die Antwort schuldig zu bleiben, ist wichtiger Bestandteil dieser Ideologie: Anerkennung darf nicht auf individueller Differenz beruhen, sondern muss von jeder Partikularität absehen und wird so zum Begriff ohne Inhalt. Auf diese ihre eigene Konsequenz gebracht, enthüllt die *queer theory* ebenso wie die mit ihr verwandte Anerkennungsethik ihren Rekurs auf die Minderheiten als (Selbst-)Betrug: Es geht ihr nicht wirklich um diese, sondern um die Auslöschung von Individualität.

Das Bedürfnis nach rechtlicher Absicherung wie die Angst vor der Auflösung der Werte sind also als Reaktionen auf die Krise zugleich konservativ – in bezug auf eine Normalität, die immer eine Fiktion gewesen ist – und fortschrittlich: Sogar dort, wo der permanente Ausnahmezustand Wirklichkeit ist, mehren sich Stimmen, die sich zum einen dagegen wehren, dass Minderheiten ideologisch und praktisch zum Abschuss freigegeben werden, um die enthemmten destruktiven Regungen der Rackets noch irgendwie zu kanalisieren, und die zum anderen dem ideologischen Sachzwang widerstehen, dass in Zeiten der Krise das Volk, der Stamm, die Gemeinschaft sich zu einigen und hinter einem Führer zu sammeln habe. Dass dieser Widerspruch sich vornehmlich an der Homosexuellenfrage entzündet, hat nicht nur mit der angeblich so erfolgreichen Emanzipationsgeschichte der letzten vierzig Jahre zu tun – also mit der Projektion, dass der Westen in Dekadenz erstarrt, weil Frauen und Schwule so präsent sind –, sondern vielmehr umgekehrt mit der Erfahrung, dass viele Gesellschaften des Südens sich entgegen der landläufigen Wahrnehmung im Westen, die diese, links wie rechts, als starr und unveränderbar ansieht, sich in einem labilen Zustand der möglichen Transgression zur einen oder anderen Seite hin befinden. Die Opposition zur homosexuellen Emanzipation, die im Kern nichts anderes ist als die Anerkennung einer auf das sexuelle Begehren bezogenen individuellen Differenz zur Mehrheit, wird zur zentralen Frage angesichts der Negation jedes individuellen Begehrens, also auch des heterosexuellen, im Zwang zur Unterwerfung im Racket.

Es besteht immerhin die Möglichkeit, dass die volle rechtliche Gleichstellung in den westlichen Staaten zumindest zeitweise eine Situation herstellen könnte, in der sich die Schwulen nicht mehr als Angehörige einer Minderheit, sondern als Staatsbürger begreifen – und von ihren Souveränen einen entsprechenden Umgang mit Staaten fordern, die ihre Bürger aufgrund sexueller Orientierung verfolgen (lassen). Es gibt Hinweise im politischen Agieren der westlichen Regierungen darauf, dass Homosexuelle einen Status erkämpft haben, in dem sie nicht mehr von der Gnade der Mehrheit abhängig sind. Wie lange das so sein wird, vermag niemand zu sagen, aber diesen Zeitraum nicht zu nutzen, trüge in jedem Fall dazu bei, ihn zu verkürzen. Die eigentliche Auseinandersetzung um die Homosexuellen-Emanzipation hat gerade erst begonnen.

Der Ort des Hasses*

Ich möchte Ihnen eine im besten Sinne des Wortes antifaschistische Recherche präsentieren. Frigide Barjot, Xavier Bongibault und Laurence Tcheng sind die Hauptpersonen der Kampagne gegen die Ehe für alle in Frankreich. Der »Figaro« beschreibt in einer Reportage:

Ihr Profil ist, gelinde gesagt, unerwartet. Xavier Bongibault ist Homosexueller und Atheist. Laurence Tcheng ist eine seit jeher engagierte Linke. Frigide Barjot schließlich, die berühmteste des Trios, ist eine präsente Figur des Pariser Nachtlebens, die seit ihrem katholischen Coming-out im Jahr 2009 keine Gelegenheit versäumt, ihren Glauben an ihre Ideen zu heften. Wir sind meilenweit entfernt von den Karikaturen, die die Medien gerne aus den Gegnern der Schwulen-Ehe machen würden, die man schnell mal als reaktionäre und homophobe Integristen hinstellt, um ihren Kampf für die traditionelle Familie als altbacken darzustellen. Das wollen sich Frigide Barjot, Laurence Tcheng und Xavier Bongibault auf keinen Fall gefallen lassen. ... Wir haben sie in Paris getroffen, in einer Schwulenbar des Marais, doch wir müssen bald von dort aufbrechen, aufgrund des Protests zweier Gäste, die unter der blonden Wuschelfrisur und der rosafarbenen Daunenjacke der ausgeflippten Komikerin die nunmehr gut bekannten Züge von Frigide Barjot erkannt haben. Sie drohen damit, Act Up zu rufen, um uns mit Gewalt zu vertreiben. Das ist genau die Art von intellektuellem Terrorismus, von dem uns Xavier Bongibault gerade eben berichtet hat: »Wir werden von einer Minderheit sektiererischer Aktivisten, die die große Mehrheit der Homosexuellen zum Schweigen zwingt, als Geiseln genommen. Das

---

* Vortrag, gemeinsam verfasst mit Joel Naber und gehalten am 1.9.2013 in Hamburg. Vgl. Tjark Kunstreich / Joel Naber: »Die Aufgabe der Emanzipation. Zum Aufstand der zweiten Natur gegen die *mariage pour tous*«, in »Sans Phrase« Nr. 3, Herbst 2013.

führt dazu, dass es unmöglich wird, sich gegen die Heirat und die Adoption auszusprechen, ohne von den Militanten der LGBT und von Act Up als Reaktionäre oder sogar als homophob dargestellt zu werden. Was in meinem Fall ja zumindest paradox ist!« Der junge Mann lächelt fein, doch dann findet er zu seinem Ernst zurück.

Wieviel an diesem Bündnis dran ist, dazu später mehr.

Mit rosa Tütüs, Regenbogenfahnen mit Mutter-Vater-Kind-Emblem und anderen, der schwulen Subkultur abgeschauten Attributen gelang es der Bewegung gegen die *mariage pour tous* in Frankreich, den Eindruck zu vermitteln, hier gingen nicht religiöse Rechte gegen Homosexuelle auf die Straße, sondern aufgeklärte, tolerante Citoyens für das Privileg der heterosexuellen Familie – oder vielmehr für den Schutz dessen, was wahrhaft menschlich ist, gegen die moderne, aus Amerika kommende Austreibung der Natur aus der Familie. Dieser Eindruck war Frigide Barjot zu verdanken, einer in Frankreich mäßig populären Komikerin. Frigide Barjot, die im wirklichen Leben Virginie Tellenne heißt, ist mit ihrer Inszenierung der Bewegung *Manif pour tous* (»Demo für alle«) erfolgreich gewesen, weil sie die Gegnerschaft zur sogenannten Homo-Ehe aus der rechten, katholischen Ecke in die Mitte der Gesellschaft zu überführen vermochte – oder sich zumindest nach Kräften darum bemüht hat. Die französischen Strategen hatten aus der erfolglosen Bewegung gegen die Gleichstellung homosexueller Partnerschaften in Spanien 2005 gelernt: Mit dem alten Ressentiment gegen die Schwulen ließ sich selbst dort, wo die katholische Kirche großen politischen Einfluss besitzt, kein Blumentopf mehr gewinnen. Auf dem Höhepunkt der Bewegung im Frühjahr 2013 ließ die große Zustimmung zur *mariage pour tous*, die zuvor bei 70 Prozent gelegen hatte, auch in den Umfragen nach.

Der Kurs der Mäßigung, der um jeden Preis den Eindruck vermeiden wollte, man selbst sei homophob, war auch insofern erfolgreich, als dass er rhetorische Figuren und Argumente auf neue Weise miteinander verband und die Frage der rechtlichen Gleichstellung vollkommen in den Hintergrund treten ließ: Die *mariage pour tous* schaffe ein Sonderrecht; sie sei ein Angriff auf die Familie, die allein Kinder großziehen könne, ein Angriff aber auch auf die Schwulen, die ihres Andersseins beraubt würden; nicht zuletzt würde sie das Gefüge der Abstammung – französisch: *filiation* – völlig durcheinanderbringen und damit Identitätsprobleme auslösen. Zudem könnten gleichgeschlechtliche Paare doch durchaus einen Pacs schließen, jenen zivilrechtlichen Solidaritätsvertrag, der seit 1999 in Frankreich existiert und der von der Ehe kaum noch zu unterscheiden sei. (Der Pacs wird zu 95 Prozent von heterosexuellen Paaren genutzt, steht aber allen offen und wird in Frankreich immer beliebter, weil er die Vorteile einer Ehe bietet, aber sehr viel einfacher zu schließen und auch wieder zu lösen ist als eine solche.)

Vor allem aber wollte man den Eindruck vermeiden, die *Manif pour tous* sei einfach nur ein weiteres Projekt der antilaizistischen Rechten. In Frankreich werden die Gegner der Trennung von Staat und Religion Integristen genannt, und diese integristische – d.h. antirepublikanische – Rechte, die unter Chirac an Einfluss gewinnen konnte, nachdem dieser Le Pen 2002 geschlagen hatte, die aber auf die extreme Rechte nicht verzichten wollte, ist mit ihren Verbindungen sowohl in die konservative Kulturszene Frankreichs als auch zu neofaschistischen Gruppierungen der politische Kern der Bewegung gegen die *mariage pour tous*. Was ihnen nach eigenen Aussagen im Jahr 2012 gelungen ist, war ein »Mai 68 der Rechten«, so sagte es Guillaume Peltier, Vizepräsident der gaullistischen UMP von Chirac und Sarkozy in einem Interview mit dem neokonservativen Magazin »Le Causeur«.

Peltiers politische Biographie steht pars pro toto für diese neuesten Rechten: 1998 begann er als Aktivist des Front national de la jeunesse, der Jugendorganisation des Front National, um sich in den 2000er Jahren dem Mouvement pour la France des Nationalisten Philippe de Villiers anzuschließen. Heute ist er Anführer der Droite forte, der Sarkozy-Fraktion der UMP. »Le Causeur« – deutsch: »Der Plauderer«

– erschien im Sommer 2013 mit dem Titel »Cathos contre Bobos«. Mit Bobos ist in diesem Fall die urbane Bevölkerung gemeint, die mit der Emanzipation der Frauen und der Homosexuellen sympathisiert; die Cathos sind die Traditionalisten, die zwar nichts gegen die Berufstätigkeit von Frauen und das Lebensrecht von Homosexuellen haben, die aber Werte – *les valeurs!* – einfordern: Ideen, die zwar der gesellschaftlichen Wirklichkeit widersprechen, die aber als Orientierung dienen sollen. Der Sinn der *Manif pour tous* ist also, ins Deutsche übertragen, eine Leitkulturdebatte mit Gentrifizierungselementen, in der sich der provinzielle Mittelstand gegenüber dem dekadenten Paris als Opfer darstellt, über dessen Interessen die Bobos in ihrer neoliberalen Kaltschnäuzigkeit und politischen Korrektheit hinweggehen. Die *mariage pour tous* wird als Bevorteilung einer Minderheit empfunden, während die Mehrheit den sozialen Abstieg fürchtet.

Zurück zu Barjot und ihrer Inszenierung einer Massenbewegung: Ein ehemaliger Freund, der sich als homosexueller Katholik bezeichnet, hat in einer Abrechnung mit Barjot diese als »trojanisches Pferd der extremen Rechten« bezeichnet. Nicht wenige homosexuelle Freunde Barjots haben sich, im wirklichen Leben und auf Facebook, von ihr »entfreundet«. Ihnen ist die Enttäuschung anzumerken. Immerhin hatte Barjot fröhlich mit ihnen in der Pariser Subkultur gefeiert, war eine dieser besten Freundinnen schwuler Männer.

Der nom-de-guerre Frigide Barjot, die Verballhornung von Brigitte Bardot, erinnert an die Namen, die Tunten sich geben. Die Mitglieder der Gruppe um Barjot und ihren Mann, der sich Basile de Koch nennt und Bruno Tellenne heißt, tragen alle solch mäßig witzige Namen. Die Ende der siebziger Jahre gegründete Gruppe Jalons, die sich als kulturelle Aktionsgruppe bezeichnet, zeichnet sich durch die Verballhornung von Namen und Bezeichnungen aus. Zu ihrem Werk gehören unter anderem satirische Ausgaben etablierter Magazine und Zeitungen – aus »Le Figaro« wird »Le Figagaro«, aus »Le Monde« »Le Monstre« usw. Bruno Tellenne reüssierte sowohl als Mitarbeiter des damaligen

Innenministers Charles Pasqua, als er zusammen mit seiner Frau dessen Reden redigierte, als auch als Boulevard-Journalist und Chronist des Pariser Nachtlebens.

Das Paar wurde von George de Nantes getraut, einem pétainistischen Geistlichen, der Anfang der siebziger Jahre die Ligue Contre Réforme Catholique gegründet hat, die offiziell als Sekte eingestuft wurde. Seine christliche Anthropologie, eine relationale Metaphysik, läuft darauf hinaus, politische, individuelle und soziale Vorgänge aus der Mystik zu erklären – selbstverständlich mit einem reaktionären Inhalt. Georges verurteilte die Demokratie als »Tochter der Revolution« und sprach sich für die Wiedereinführung des gottgesalbten Monarchen aus. Diese Vorstellungen tauchen in modernisierter Form heute wieder in der Bewegung gegen die Ehe für alle auf, wenn in der Verbindung von *filiation* – Abstammung – und Familie eine biosoziologische Herleitung vorgenommen wird.

Frigide Barjot hatte nach eigenen Angaben 2005 ein Erweckungserlebnis in Lourdes, was sie nicht davon abhielt, 2006 ein Video zu veröffentlichen, in dem sie Brigitte Bardot veräppelte und das als Satire auch in Schwulenkreisen einige Anerkennung erhielt. Ihr Neokatholizismus äußerte sich auch 2009, als sie die Facebook-Kampagne »Touche pas á mon pape« inszenierte – als dieser in der Öffentlichkeit wegen der Wiederaufnahme der Piusbrüder in die Kirche mit großem Widerstand auch von katholischer Seite konfrontiert war. Diese Verteidigung von Holocaust-Leugnern war sehr erfolgreich, nicht nur wegen ihres Inhalts, sondern auch, weil sie sich der neuen Medien bediente.

Barjot ist alles andere als eine harmlose Entertainerin – und ihre Mitstreiter sind ihre Geschöpfe: Xavier Bongibault gibt sich als Organisator der Gruppe Plus gay sans mariage (»Noch schwuler ohne Heirat«) aus. Nicht nur, dass es Zweifel in der Szene an seiner Homosexualität gibt – Frigides Quotenschwuler gibt sich als Atheist aus, gehört aber seit Jahren zum Kreis der Cathos, er ist Aktivist der UMP und

Mitglied der rechtsextremen Studentenvereinigung Uni. Die Gruppe, deren Repräsentant zu sein er vorgibt, existiert nicht. Und der Versuch, Schwule gegen die Ehe für alle zu mobilisieren, ist fehlgeschlagen – und zwar nicht, weil alle Schwulen heiraten wollten, sondern weil das Manöver allzu durchsichtig war: Bongibault unterschrieb den Aufruf der Gläubigen für Sarkozy, den Barjot ins Leben gerufen hatte. Laurence Tcheng, die sich als aktive Linke und Sprecherin der ebenfalls nicht-existenten Gruppe La gauche pour le mariage republicain (»Linke für die republikanische Ehe«), ist ebenfalls eine Rechte, die sich als Unterstützerin der katholischen Pfadfinder bekennt, und keineswegs Mitglied der Sozialistischen Partei.

Vor allem die Verbindungen von Bongibault und Barjot ins Lager der extremen Rechten machten schließlich die Bewegung aus, die ihren integristischen Charakter am Ende nicht mehr verleugnen konnte. Die im Hintergrund wirkenden Personen sind Männer und Frauen mit Kontakten zu faschistischen Organisationen. In der Tat könnte man von einem trojanischen Pferd der extremen Rechten sprechen – wäre da nicht das Phänomen der moralischen Mehrheit, die für ihre Werte auf die Straße geht.

Es ist in der Tat erklärungsbedürftig, warum ein solches, aus der braunen Subkultur der in Frankreich immer noch peinlich verschwiegenen Kinder Vichys hervorgegangenes Bündnis es schaffte, mehrere Male in Paris und landesweit Hunderttausende Menschen für seine Sache auf die Straße zu bringen. In einer denkwürdigen Sendung der populären Late-Night-Talkshow »On n'est pas couché« trafen am 25. April 2013 prominente Gegner wie Befürworter der *mariage pour tous* aufeinander. Als Stargast war Frigide Barjot geladen. Der Moderator Laurent Ruquier präsentierte ihr neues Buch *Touche pas à mon sexe! – Contre le »mariage« gay* …. »Touche pas à mon sexe« (»Fass mein Geschlecht nicht an«) spielt an auf »Touche pas à mon pote« (»Fass meinen Kumpel nicht an«), den Gründungsslogan des französischen Antirassismus der achtziger Jahre, der seitdem aufgrund seiner Popularität und seiner Verankerung im Diskurs der republikanischen Linksliberalen von den verschiedensten Gruppen adaptiert und abgewandelt worden ist – zuletzt machte ein pseudofeministisches Bündnis von Islamisten mit dem Slogan »Touche pas à mon foulard« (»Fass mein Kopftuch nicht an«) von sich reden.

Barjot greift nicht von ungefähr auf diese Anspielung zurück, um ihrem Anliegen einen jugendlich-hippen Anstrich zu geben und es damit in der gesellschaftlichen Mitte akzeptabel zu machen. Sie bemüht sich, ihren Bruch mit der schwulen Subkultur, in der sie sich als »égérie«, als »Muse und Ratgeberin«, lange aufgehalten hat, zu übertünchen, indem sie hervorhebt, dass es ihr keineswegs um die Ausgrenzung von Homosexuellen aus der Gesellschaft gehe, sie sei ja schließlich auch eine Befürworterin des Pacs, der vor einigen Jahren eingeführten eingetragenen Lebenspartnerschaft, gewesen.

Doch der Moderator zitierte dann aus ihrem Buch Passagen, die sich ganz anders anhören: Barjot zitiert darin zustimmend den Katholiken Philippe Arino, der von sich selbst sagt, er verzichte für seinen Glauben auf die Verwirklichung seines homosexuellen Begehrens: »Die Natur selbst der Homosexualität und ihre tieferen Ursachen reichen aus meiner Sicht aus, um die Unvereinbarkeit der Homosexualität mit der Ehe zu begreifen: Der Homosexuelle ist eine oft verletzte Person mit einer oft unreifen Sexualität, die sich bei ihm in eine bulimische Sexualität mit einer quasi wesensimmanenten Untreue verwandelt.« Dass Barjot einen Homosexuellen zitiert, um ihre eigenen Ansichten zu legitimieren, ist nicht weiter bemerkenswert – es ist dieselbe Prozedur, die man von den Feinden Israels kennt, die ihren Hass mit Plädoyers jüdischer Autoren belegen. Interessanter ist, dass Barjot mit diesem Zitat nicht allein die schwulen Männer denunzieren will, sondern dass sie damit zugleich auch ihr Ideal einer schwulen Subkultur formuliert, in der sie sich jahrelang als Touristin und falsche Fag-Hag aufgehalten hat. So wie Arino die Schwulen charakterisiert, so sollen sie für Barjot auch bleiben – was sie eigentlich empört, ist, dass es Homosexuelle gibt, die aus dem Ghetto raus wollen und die dafür sogar bereit sind, sich bürgerliche Tugenden wie Treue, Verantwortung und Monogamie zu eigen zu machen. Es ist der Anspruch der Homosexuellen, Frauen und Männer, aus dem Ghetto auszutreten und die rechtliche Gleichstellung zu fordern, der ihre Wut gegen diese neuen Emporkömmlinge hervorruft und dem sie mit der Selbstverständlichkeit derjenigen entgegentritt, die sich als die rechtmäßigen Erben dieser bürgerlichen Rechte empfinden, die ja nie wirklich für alle gedacht waren.

Was die Gegner der Ehe für alle als zentrales Argument anführen, ist die durch die Ehe gegebene Möglichkeit auch für homosexuelle Paare, Kinder zu adoptieren und darüber hinaus eben auch wie heterosexuelle Paare auf die medizinischen und rechtlichen Möglichkeiten der künstlichen Befruchtung, der Samenspende usw. zurückzugreifen. Was im Fall betroffener heterosexueller Paare jedoch nur noch wenig Protest hervorruft, wird bei den Homosexuellen zum Skandal und zum Generalangriff auf die Natur. Indem die Gegner der Ehe für alle den Nexus herstellen zwischen der Vorstellung, dass Homosexuelle heiraten können, und dem Schrecken, der von vielen mit dem medizinischen und technischen Fortschritt verknüpft wird, und indem sie damit den durch die Heirat Homosexueller drohenden Schrecken vor dem endgültigen Verlust alles wahrhaft Menschlichen und Sicherheit Gewährenden im Leben beschwören, legen sie zugleich die Sehnsüchte der Mitte nach gesellschaftlichem Stillstand bloß. Dieser Stillstand wird als natürlicher Urgrund des Staats wie der Familie vorgestellt. Dass Staat und Familie gesellschaftlich hervorgebrachte und daher im vollen Wortsinn künstliche Institutionen sind – dieser Gedanke ruft Unbehagen hervor. An der Öffnung der Ehe für Homosexuelle bricht sich dieses Unbehagen eine neue Bahn.

Dieses Unbehagen der Mitte brachte in der Talkshow vom 25. April 2013 die konservative, aber keineswegs rechtsextreme Publizistin Natacha Polony auf den Punkt; sie zeigte damit auch, worin möglicherweise der Appeal und die Attraktion der *Manif pour tous* für eine gesellschaftliche Mitte liegt, die sich nicht nach Fortschritt sehnt, die aber ebensowenig eine bewusste Vichy-Nostalgie pflegt. Polony sagte, an die bekannte Publizistin Caroline Fourest gewendet, die für die *mariage pour tous* eintritt (und die in Frankreich vor allem dadurch bekannt wurde, dass sie als Redakteurin der Zeitschrift »Charlie Hebdo« 2006 deren Veröffentlichung der dänischen Mohammed-Karikaturen auch in dem Prozess durchfocht, in dem die Zeitschrift dafür angeklagt worden war), Polony sagte also: »Die Forderung der Ehe von Seiten der Homosexuellen kommt ja nicht nur aus dem Wunsch nach einem schönen Fest und dem, ihre Liebe anerkannt zu sehen. Das würde ja kein großes Problem darstellen – ich sagte ja bereits eben, dass die Institution der Ehe zu einer einfachen Anerkennung durch den Staat geworden ist. Wenn es allerdings tatsächlich so ist, dass dahinter noch diese Frage der Abstammung steht, dann stellt die Frage der PMA (procréation médicalement assistée – medizinisch unterstützte Fortpflanzung) ein Problem dar, und das ist, auch wenn Ihnen das nicht gefällt, das Problem des Verhältnisses von Biologie und Soziologie.« Polony meinte damit das Verhältnis von Natur und Gesellschaft, und sie fuhr fort: »Es gibt einen Unterschied zwischen *filiation* (Abstammung) und *éducation* (Erziehung/Bildung). Ich denke nicht, dass ein Kind von einem Mann und einer Frau erzogen werden muss. Es braucht Personen, die ihm eine Geschichte vermitteln, die ihm Werte vermitteln und so weiter, und die müssen ein solides Paar sein, welcher Art auch immer. Im Gegensatz dazu ist jedoch die Frage der Abstammung von grundsätzlicher Bedeutung, denn sie ist das, was uns befähigt, uns eine Geschichte und eine Genealogie zu konstruieren.«

Das Argument ist verworren, und Polony zeigt sich darin als Vertreterin einer konservativen Mitte, die mit sich ringt, die die laizistische Republik keineswegs ganz verraten, aber sie gerne mit ihrem Traditions- und Standesbewusstsein vereinbaren möchte. Denn was genau nun die Abstammung mit einer Geschichte, die wir uns selber

»konstruieren«, zu tun haben soll, weiß sie wahrscheinlich ebensowenig wie wir. Polony fuhr dann fort mit einer Anekdote über einen Arzt, der seine Zweifel über die künstlich unterstützten Fortpflanzungsmethoden damit begründet, dass nun auch lesbische Paare in seine Praxis kämen, die von der einen Partnerin eine Eizelle nehmen, sie mit einer anonymen Samenzelle befruchten und der anderen Partnerin zur Austragung einpflanzen lassen wollten, damit beide als biologische Mütter gelten könnten. Polony fragte Caroline Fourest, ob sie in diesem, wie sie es ausdrückte, »Willen, die Natur auszulöschen und glauben zu machen, dass ein homosexuelles Paar Kinder zeugen könne«, nicht ein Problem sehe? Fourest antwortete: »Wir sind im Begriff, gesetzliche Modi zu erfinden, die unsere Entwicklungsweisen und unseren Erfindungsgeist beschützen können.«

Indem Fourest von »unserem Erfindungsgeist« sprach, bezog sie sich auf ein zentrales Element der französischen Ideengeschichte, aus der sich die revolutionäre und republikanische Tradition Frankreichs speist, und Polonys Rekurs auf die natürliche Abstammung als Urgrund der Gesellschaft weist den Diskurs der Gegner der *mariage pour tous* als neuen Avatar eben der entgegengesetzten, konterrevolutionären Tradition aus. Man könnte dieser Tradition durchaus zugestehen, dass die Entstehung der Kinder aus beiden Geschlechtern zu Recht als »natürlich« angesehen wird; doch die Behauptung, dass die *mariage pour tous* – und damit die Möglichkeit für Homosexuelle, mit diesem naturhaften Erbe der Menschen auf dieselbe, im guten Sinne künstliche Weise umzugehen wie die Heterosexuellen – daran etwas ändern würde, ist ein konterrevolutionäres Täuschungs- und Vernebelungsmanöver.

Was Natacha Polony so skandalös und unnatürlich findet – die zwei Lesben, die beide die Mütter ihres Kindes sein wollen – unterscheidet sich in nichts von derselben Bemühung eines sogenannten unfruchtbaren heterosexuellen Paares, das ebenfalls alles versucht, um eine eigene, »biologische« Beziehung zu seinen »künstlich« erzeugten

Kindern zu erlangen. Was daran falsch sein könnte, lässt sich nicht unabhängig von einer Gesellschaft kritisieren, die immer alles biologisieren möchte und die ihre menschliche Gemachtheit und daher auch Veränderbarkeit aus Angst vor der Freiheit leugnet. Das Moment der menschlichen Freiheit, die Gesellschaft selber machen zu *können* und die Gesellschaft auch selber machen zu *müssen* – es geht gar nicht anders und war noch nie anders –, drückte Fourest mit ihrem Hinweis auf »unseren Erfindungsgeist« aus. Natacha Polony steht ihr gegenüber für eine durchaus gemäßigte Rechte, die sich gleichwohl nach wie vor wünscht, die Ehe möge etwas anderes sein als eine Rechtsform des laizistischen Staates.

Die Sehnsucht nach dem Ursprung tritt zutage, und das ist immer zugleich die Sehnsucht nach dem Mutterleib wie nach dem Souverän; das Ferment des Nazismus bildet sich neu in scheinbar ganz zivilen Diskussionen über Gesetzesänderungen. Natacha Polony will die Ehe wieder biologisieren, weil sie den Souverän wieder biologisieren will. Frigide Barjot griff als Agitatorin der *Manif pour tous* das darin liegende unterschwellige Unbehagen auf: »Dieses Kind, das aus einer Samenzelle und einer Eizelle geboren wurde, also von einem Mann und einer Frau, wird gesetzlich auf zwei Männer übertragen, das wird seine mütterliche Abstammungslinie auslöschen, es wird sie nicht wiederfinden, es wird seinen Ursprung nicht wiederfinden können.«

Vielleicht ist dies auch ein Protest, der typisch für Frauen wie Frigide Barjot ist, die sich entschlossen haben, vermittelt über die Vorherrschaft der Männer an gesellschaftlicher Herrschaft teilzuhaben, und die deshalb gegen ein anderes Modell von *filiation* protestieren, das diese Art von weiblicher Herrschaftsteilhabe in Frage stellt. Barjot kommt aus einer Familie desjenigen Teils des französischen Bürgertums, das sicherlich Pétain näher stand als de Gaulle – Wikipedia informiert uns, dass ihr Vater Jacques Merle ein Vertrauter von Jean-Marie Le Pen gewesen ist. Feministin kann sie also nicht sein, wenn sie ihre gute Kinderstube nicht verraten will, und dass sie das nicht will, zeigen ihre politischen Aktionen der letzten Jahre, das katholische Engagement für die Rehabilitation der Piusbruderschaft und ihre Aktivitäten gegen die Gleichstellung der Homosexuellen. Barjot steht symbolisch für die Kinder Vichys, die sich nicht mit der Geschichte ihrer Eltern auseinandersetzen wollten, sondern eine Zeitlang lieber Zuflucht genommen haben bei den ironischen Kulturformen der Neuen Linken – für Barjot war das auch ihre Zeit als Touristin in der schwulen Szene.

Lust an der Unfreiheit*

Als sich am 25. Juni 2004 der Todestag Michel Foucaults zum zwanzigsten Mal jährte und das akademisch-intellektuelle Deutschland die Leistungen seines Superstars und Meisterdenkers feierte, war von einem nicht die Rede: von Foucaults Flirt mit dem Islam am Ende der siebziger Jahre.

Es gibt durchaus Sinnvolleres als die Beschäftigung mit Michel Foucault, zumal mit dem politischen Intellektuellen, der sich vom Historiographen Foucault, der mit einigem Gewinn zu lesen ist, insofern abgrenzen lässt, als die Rolle des politischen Intellektuellen es erfordert, sich in Kommentaren, Artikeln und Vorworten kurz zu fassen, explizit zu sein, von Interviews und Gesprächen ganz zu schweigen. Die Deutlichkeit der intellektuellen Interventionen, um die es im Folgenden geht, bestätigt jene Einsichten in den stockaffirmativen Charakter der Foucaultschen Philosophie, der im historischen Werk nur mit Hilfe komplizierter Operationen offengelegt werden kann. Erwähnt sei hier nur Foucaults Begriff der Macht, der gerade in dem Konkretismus, in dem er ihn verwendete, von vielen Rezipienten als »kritisch« verstanden wurde – das Gegenteil aber ist der Fall: Foucaults Begriffe sind wie aus Trockeneis, sie machen viel Rauch um nichts.

Das kritische Urteil über Foucaults Philosophie soll also weder revidiert noch relativiert werden, es geht um anderes. Denn was in Foucaults Werken als Affirmation nicht der Gegenwart, wohl aber ihres Funktionierens erscheint – eines Funktionierens, das in der Unentrinnbarkeit immer neuer »Dispositive der Macht« gründet – , reicht in seinen politischen Interventionen bis zur Bejahung der Barbarei. Foucault sah im Islamismus nicht nur keine Gefahr, er attestierte ihm revolutionäres Potential. Er unterstützte nicht nur die Widerstandsbe-

---
* Aufsatz, zuerst veröffentlicht in »Konkret« 8/2004.

wegung gegen den Schah, sondern war selbst fasziniert vom Ayatollah Khomeini und der Spiritualität des Volkes, wie er es nannte. So kann Foucault recht unverblümt Auskunft geben über eine Stimmung, die in ihrer Zeit als revolutionär empfunden wurde.

Der spätere deutsche Außenminister Fischer lobte den Islam in der Frankfurter Sponti-Zeitung »Pflasterstrand« im Februar 1979 als »die in politische Revolution sich umsetzende, in langer Tradition sich erhaltende Glaubenskraft eines Volkes, das Nein sagt zur atheistischen Kultur des Westens«, und verabschiedete sich vom herkömmlichen, politischen Antiimperialismus zugunsten seiner kulturrelativistischen Variante: einem Programm, dem er bis heute treu geblieben ist. Fischer schrieb seinen Lobgesang auf die »Glaubenskraft eines Volkes« zu einem Zeitpunkt, als der islamistische Terror gegen als westlich definierte Tatbestände – Kino, Frauenemanzipation, Homosexualität, Musik – längst begonnen hatte. Und tatsächlich: Die europäischen linken Intellektuellen, hießen sie nun Fischer oder Foucault, erkannten im politischen Islam eine Revolution gegen die westliche Modernisierung und unterstützten sie eben deswegen. Sie machten keinerlei Hehl daraus, dass sie damit Abschied nahmen von Aufklärung, Zivilisation und Fortschritt, sie sahen sehr realistisch, dass die Revolte gegen die Zivilisation ihren eigenen Überzeugungen nahelag.

Die Wiedergeburt des europäisch-völkischen Programms aus dem Geist der islamischen Revolution der Jahre 1978/79 steht am Anfang der Emanzipation Europas als führende Kraft der Völker gegen alles, was unter den Begriffen »Amerika« oder »Westen« als gemeinschaftsfremd und antikollektivistisch subsumiert wird. Fischers Engagement für einen kulturrelativistischen Antiimperialismus scheint nicht erklärungsbedürftig, es folgt aus der Tatsache, dass Fischer ein deutscher Politiker ist. Er war stets nur mit ethnischen Minderheiten solidarisch, sein Begriff von Befreiung bezog sich immer auf Kollektive, nie aufs Individuum. Die völkische Erweckung im Angesicht eines sich politisierenden Islam, der im Iran die Macht übernahm, überkam bis auf wenige Ausnahmen fast alle europäischen Linken: Fischer war also schon damals bloß Mainstream. Foucault dagegen, dessen Name mit Kampagnen gegen Psychiatrie und Gefängnis in Verbindung gebracht wird, obwohl er selbst sich doch nie gegen Psychiatrien oder Gefängnisse aussprach, dem aber dennoch der Nimbus eines Fürsprechers nicht-ethnischer Minderheiten anhaftet – Foucault dagegen ist ein interessanter Fall. Nicht nur, weil seine Sprache sich in einer Weise wandelte, als sei er auch als Person verwandelt worden; Foucault verfiel der »Erhebung« im Iran.

Zweimal reiste er in den Iran und sprach dort mit zahlreichen Vertretern der Opposition gegen den Schah. Seine Reportagen erschienen in der italienischen Zeitung »Corriere della serra«. Reportagen sind eine Form der Darstellung, die man in den Sozialwissenschaften der teilnehmenden Beobachtung zurechnet: Man sieht alles vom Standpunkt des Fremden, ist aber zugleich selbst Bestandteil der Situation. Reportagen sind eine höchst ideologische Angelegenheit, weil sie die Auffassungen des Autors in der Darstellung spiegeln, die für sich wiederum beansprucht, objektiv zu sein. Das scherte Foucault nicht; seine Texte sind nur der Form nach Reportagen, inhaltlich sind sie Propaganda. Das ist wohl auch den deutschen Herausgebern der Werke Foucaults aufgefallen, in deren drittem Band die Reportagen zu finden sind. Kaum ein anderer Text der Ausgabe ist so ausführlich kommentiert worden, sogar eine Chronologie der Ereignisse im Iran 1978/79 ist der ersten Reportage vorangestellt. Das heißt, man hat sich bemüht, Foucaults Engagement zu kontextualisieren, eine ungewöhnliche Übung für Foucault-Liebhaber. Zum einen hat man damit völlig zu Recht versucht, Foucaults Propagandatätigkeit in sein Gesamtwerk zurückzuholen, aus dem sie schon sprachlich herausfällt. Zum anderen wird so jedoch der Eindruck erweckt, als seien die Texte deskriptiv und die Form der Reportage nur ein anderes Mittel zum immergleichen erkenntniskritischen Zweck: der Untersuchung der Macht.

Foucaults außergewöhnliche Parteinahme wird mit seiner Solidarität mit der iranischen Opposition und mit seiner Kenntnis der Verbrechen des Savak, des Geheimdienstes des Schah, begründet; der Charakter der Parteinahme jedoch nicht nur für die Opposition im allgemeinen, sondern für den schiitischen Islam, für den islamischen Staat im Iran wird entgegen dem Wortlaut der Texte relativiert. Die erste Reportage, die am 28. September 1978, nach Foucaults erster Iran-Reise, im »Corriere« erschien, beginnt wie ein Gleichnis: hie das Erdbeben von 1978, das vierzig Städte und Dörfer zerstörte, dort der »schwarze Freitag« von Teheran, der 8. September, an dem die Armee auf dem Djaleh-Platz ein Massaker unter Regimegegnern anrichtete und die Erde »unter den Ketten der Panzer erbebte«. Foucault fühlt sich an ein Erdbeben erinnert, das zehn Jahre zuvor stattgefunden hatte:

Fast auf den Tag genau vor zehn Jahren wurde das in derselben Region gelegene Ferdows ausgelöscht. Auf dem zerstörten Land entstanden zwei rivalisierende Städte ... Auf der einen Seite entstand die Stadt der Staatsverwaltung, des Bauministeriums und der staatlichen Würdenträger. Aber nicht weit davon bauten die Handwerker und Bauern gegen alle staatlichen Planungen ihre eigene Stadt wieder auf. Unter Leitung eines religiösen Führers sammelten sie Geld, gruben mit eigener Hand Kanäle und Brunnen, errichteten eine Moschee. Gleich am ersten Tag hatten sie eine grüne Fahne aufgestellt. Das neue Dorf erhielt den Namen Islamieh. Abseits der Regierung und gegen sie der Islam: schon vor zehn Jahren.

Foucaults Faszination für die Arbeit, die Hände verrichten können, zieht sich durch seine Loblieder auf den Islam. Sein Fazit angesichts des neuerlichen Erdbebens und der wieder abseits und gegen den Staat geleisteten Hilfe im Namen des Islam: »Die Erde, die bebt und Dinge zerstört, kann Menschen zusammenführen.« Das ist eine Feststellung nach Art der Boulevardblätter, an Banalität kaum zu überbieten, aber für Foucault ist sie nur der Anfang. Er fährt fort: »Die Macht glaubt, den großen Zorn ... auf die Schicksalsschläge der Natur ablenken zu können. Es wird ihr nicht gelingen. Die Toten von Tabass (einem vom Erdbeben zerstörten Ort, TK) werden sich neben die Opfer vom Djaleh-Platz legen und für sie ihre Klage erheben.« Hier wird die Macht zum Subjekt, das an etwas glaubt und dem etwas ge- oder misslingen kann; die Toten sind nicht tot, sondern erheben Klage: ungewohnte Töne eines Intellektuellen, der sich als Totengräber des Subjekts verstand.

Vom Objektivismus und von der Deskription bleibt nichts übrig, wenn Foucault anschließend erläutert, dass das Massaker vom Djaleh-Platz einen »Mythos« gebar: Weil das »Töten von Muslimen durch andere Muslime etwas religiös und damit auch politisch oder rechtlich Skandalöses« sei, behaupteten einige, der Schah habe israelische Soldaten einfliegen lassen, die dann auf die Demonstranten schossen. Foucault verklärt die antisemitische Projektion zur Arbeit am Mythos und erkundigt sich bei einem Regimegegner, der ihm erklärt, zwar habe es eine Zusammenarbeit mit den Israelis gegeben, nichts aber rechtfertige die Annahme, »unsere Toten in Teheran wären von Ausländern getötet worden«. Warum nimmt Foucault die antisemitische Phantasie für bare Münze, deren Wert zwar in Frage steht, nicht jedoch, dass sie überhaupt einen hat? Antisemitismus ist kein Thema, über das zu reflektieren er vorhat.

»Wenn nun die Unruhe im Zeichen jenes Islam wächst, dem die ganze Armee angehört, werden Soldaten und Offiziere entdecken, dass sie keine Feinde vor sich, sondern Herren über sich haben. Und was tut eine Armee, wenn sie im Augenblick des Kampfes erkennt, dass sie keine Feinde, sondern Herren hat?«, fragt Foucault. Eine Lösung nach chilenischem oder argentinischem Vorbild – Putsch mit anschließender Militärdiktatur – hält er im Zeichen des Islam für ausgeschlossen, womit er Recht behalten sollte. Die Armee, so Foucault, »kann eine Lösung zulassen oder verhindern. Aber sie kann keine Lösung vorschlagen oder durchsetzen, die sie selbst gefunden hätte. Sie ist kein Schlüssel, sondern ein Schloss. Und der Schlüssel, der im Augenblick am besten in dieses Schloss zu passen scheint, ist nicht der amerikanische Schlüssel, den der Schah personifiziert, sondern der islamische Schlüssel, den die Volksbewegung darstellt.«

Im September 1978 aber war der »islamische Schlüssel« keineswegs die ausgemachte Sache. Foucault beweist ein besonderes Gespür für die Entwicklung, weil er in der Lage ist, viele Elemente der »Volksbewegung« auszublenden und sie auf eine Weise zu sehen, wie diese Bewegung sich selbst sah. Sein erster Aufenthalt im Iran dauerte gerade einmal acht Tage, dennoch erlag er sofort der Faszination durchs Totalitäre. Er spricht in Gleichnissen, und die sexuelle Konnotation der Rede von Schlüssel und Schloss macht deutlich, dass er den Vorgang der Islamisierung und des Sturzes des Schahs als quasi natürlichen, organischen begreift. Es ist eine wichtige Voraussetzung für die Propaganda, dass sie sich eins weiß mit der Wirklichkeit – dass sie im Bewusstsein der Zwangsläufigkeit dessen, was sie will, handelt. Foucault kennt die Sympathien, die die islamische Bewegung gerade in Westeuropa unter sogenannten undogmatischen Linken hat, die zugleich dem religiösen Charakter, den diese Bewegung annimmt, zwar nicht kritisch, aber doch misstrauisch gegenüberstehen. Folglich setzt er sich in seiner nächsten Reportage, die am 1. Oktober 1978 erscheint, mit dem Argument auseinander, der Iran stecke in einer »Modernisierungskrise«, in der die »traditionelle Gesellschaft« sich der eigenen Vergangenheit zuwende und Zuflucht bei einem »rückwärtsgewandten Ayatollah« suche, da der Versuch des Schah, den Iran westlichen Standards anzupassen, arrogant und ungeschickt gewesen sei.

Indem Foucault das Argument in Anführungszeichen setzt, tritt er in einen Dialog mit dem Leser, der schließlich ähnliches im Kopf haben könnte. Und er lässt Vertreter der Opposition zu Wort kommen, die er mit diesen europäischen Auffassungen konfrontiert. Er selbst beginnt zu verstehen: Die jüngsten Ereignisse, so Foucault, »bedeuteten nicht, dass die rückständigsten Gruppen vor einer allzu brutalen Modernisierung zurückschreckten, sondern dass eine ganze Kultur und ein Volk eine Modernisierung ablehnten, die selbst einen Archaismus darstellte.« Er sagt »Kultur« und meint den Islam, weil er seine atheistischen Leser nicht vergraulen möchte; er sagt »Volk« und meint die islamistische Bewegung, weil anders seine richtige Annahme, die Modernisierung selbst sei ein Archaismus, mit seiner Bevorzugung des kulturellen Archaismus gegenüber dem ökonomischen in Widerspruch geraten würde.

In einem historischen Exkurs erläutert Foucault, warum das »kemalistische Programm« der Modernisierung im Iran – eine durchaus treffende Charakterisierung – scheitern musste: »Die Säkularisierung erwies sich als ebenso schwierig, denn den eigentlichen Kern des Nationalbewusstseins bildete die schiitische Religion.« Foucault zufolge, der bei wichtigen Aussagen immer anonyme Oppositionelle zitiert, um den Argumenten Autorität und Authentizität zu verleihen, ist es die Dreieinigkeit von »Despotie, Korruption und Modernisierung«, die von der islamischen Bewegung abgelehnt wird. Die Bedeutung, die dabei der Korruption zuteil wird, hätte jeden Liberalen misstrauisch machen müssen, denn offenbar ist hier die Sprache von jener Melange, die wir gewöhnlich mit Verhältnissen der Industrialisierung des 19. Jahrhunderts verbinden. Massenarmut und -ausbeutung, der Staat als bloßer Handlanger der Bourgeoisie, verschiedene Formen des Tausches nebeneinander, die nach und nach dem Wertprinzip unterworfen werden: allesamt Prozesse, die objektiv mit der Durchsetzung des Kapitalismus einhergehen und keineswegs von der Regierungsform oder dem Willen wessen auch immer abhängig sind – beim Historiker Foucault wäre das eine abstrakte, sich ins Unendliche differenzierende Macht, aber beim Propagandisten Foucault ist es der Wille des Schahs beziehungsweise seine Unfähigkeit und Arroganz.

Historisch stehen zur Verwaltung und Bewältigung der Modernisierungskrise verschiedene Modelle zu Verfügung, manche mehr, manche minder blutig, und das Schah-Regime griff zur sehr blutigen Variante wohl auch aus Unfähigkeit. Nur suggeriert die Foucaultsche

Aufzählung auch, dass da ein Zusammenhang besteht zwischen Korruption, Despotie und Modernisierung, womit das Ressentiment jener Sorte Antikapitalismus angesprochen ist, die sich die Folgen des Kapitalismus aus dem bösen Willen der Kapitalisten erklärt. In der Art heutiger Attac-Mitglieder wundert sich Foucault, »dass die Korruption, die so viele skrupellose Menschen anzieht, bei den Ehrlichen und Aufrechten auf so geringes Interesse stößt. Kennen Sie eine politische, ökonomische, historische oder soziologische Abhandlung, die seriös und detailliert all die Spekulationen, Veruntreuungen, Betrügereien und Gaunereien untersuchte, die bei uns in Handel, Industrie und Bankwesen zum alltäglichen Brot gehören?« – Ich muss zugeben, dass ich wirklich überrascht war, so etwas von einem Historiker zu lesen, der wissen musste, dass es eine Frage der juristischen Definition ist, welche Transaktionen als illegal und welche als legal gelten. Nicht überrascht war ich hingegen, dass Foucault sein Bekenntnis zum Antikapitalismus des Ressentiments nach Quom führte, mitten ins Zentrum schiitischer Geistlichkeit.

In seiner dritten Reportage vom 8. Oktober 1978, die unter der Überschrift »Teheran: Der Glaube gegen den Schah« erschien, berichtet er von seinem Erweckungserlebnis, das sich in den vorangegangenen Texten in Wortwahl und Emphase schon andeutete. Er selbst hätte lieber die Überschrift »In Erwartung des Imam« gedruckt gesehen, die auch ehrlicher gewesen wäre. Gemeint sei hier, erläutern die Herausgeber seiner Schriften, der noch ausstehende, unsichtbare zwölfte Imam der Schiiten. Nach seiner Begegnung mit Ayatollah Chariat Madari schwelgt Foucault im religiösen Mythos, weswegen die Herausgeber Madaris Liberalität und Aufgeklärtheit betonen. Madari gehörte früh zur Opposition gegen Khomeini; was man von Foucault jedoch nicht behaupten kann, der sein Bekenntnis zur islamischen Revolution gut vorbereitete.

Er schrieb die drei Reportagen über seinen ersten Aufenthalt im Iran nach seiner Rückkehr in Paris. Man merkt ihnen die didaktische

Absicht an: Die erste stellt die Kräfteverhältnisse dar, das heißt die Alternativlosigkeit des »islamischen Schlüssels«, die zweite räumt mit den linken Träumen von der nachholenden Entwicklung auf und schafft Platz für die einzig verbleibende Lösung: den Islam. Foucault produziert hier ganz bewusst jene Zwangsläufigkeit, die auch seinem historischen Werk eignet, um seine Leser auf den Schlussakt vorzubereiten. Wieder zitiert er den anonymen Europäer, der meint, die religiöse Bewegung sei Resultat einer bloß missglückten Modernisierung, und er lässt ihn fragen: »Welche Zuflucht bleibt diesen Entwurzelten denn noch außer der Moschee und der religiösen Gemeinschaft?« Foucault antwortet, dass es ja nicht nur die entwurzelten Massen gebe, die von Bauprojekt zu Bauprojekt ziehen und die Slums an den Rändern der Städte bevölkern, sondern auch jene, die in ihrem Dorf geblieben und dennoch entwurzelt worden seien. Er bringt ein Beispiel:

Vor einigen Monaten hieß ein Schild auf einer einsamen Straße die Autofahrer in Meibod willkommen. Doch so sehr man sich auch umschaute, von Meibod keine Spur. Fragte man Leute aus der Gegend, wussten sie nicht, worum es sich handelte. Nachforschungen ergaben, dass man fünf verstreute Dörfer zu einer Stadt zusammengefasst hatte, die allein für die Bürokraten existierte. Und zweifellos für ein paar Grundstücksspekulanten. Im Augenblick kümmerte sich niemand um diese Stadt, die man wie eine vollkommen wurzellose Geographie über das Land gelegt hatte. Aber schon bald wird man diese Menschen auf ganz andere Weise verwalten, wird man sie zwingen, anders zu leben, in anderen Zusammenhängen und vielleicht auch an einem anderen Ort.

Hie Grundstücksspekulanten, wurzellose Geographie, Bürokraten – dort die Menschen und die Dörfer. Und der Islam: »Wo sollen sie Schutz suchen und das wiederfinden, was sie sind, wenn nicht im Islam, der seit Jahrhunderten das alltägliche Leben, die Familienbande und die sozialen Beziehungen bis ins einzelne regelt?« Der Anti-Essentialist spricht als Heideggerscher Existentialist, denn nur in dessen Philosophie lässt sich wiederfinden, was man eigentlich ist. Foucault beschreibt die Wirklichkeit der islamischen Gesellschaft, deren Normen alles bis ins einzelne regeln wollen, nicht zum Zweck der Kritik, im Gegenteil: »Seine (des Islam, TK) Strenge und Unbeweglichkeit sind seine Stärke«, verkündet er und macht seinen Perspektivwechsel deutlich, indem er einem iranischen Soziologen, der ihm den Islam als »Zufluchtsort« beschreiben möchte, vorwirft, er habe mit »einem Übermaß an westlichem Denken gesündigt«.

Nein, die islamistische Bewegung ist für Foucault nicht rückwärtsgewandt, sondern revolutionär. Er zitiert die Parolen, die die Demonstranten rufen, und er skizziert die Verbreitung und Verbreiterung der islamistischen Ideologie. Das gelingt ihm glaubwürdig – allerdings nur, weil er keinen Begriff von Ideologie hat. Die Rationalisierung der Religion zum Zufluchtsort ist der grässlichste Selbstbetrug der iranischen Linken gewesen, er hat ihnen beinah allen das Leben gekostet. Eben diese Rationalisierung hatte in der deutschen Linken in den dreißiger Jahren zu einer vollkommenen Fehleinschätzung des Nationalsozialismus geführt. Die iranische Linke zahlte ebenso wie die deutsche Linke der Weimarer Republik – und zahlreiche andere, die gleiches taten – den Preis dafür, dass sie etwas historisch Obsoletes aufgrund seiner Rückständigkeit für wenig gefährlich hielt und sein quasi-revolutionäres Potential verkannte, weil Revolution für sie untrennbar mit Fortschritt verbunden war. Die deutsche »Revolution« von 1933 und die iranische von 1978/79 ähneln sich in der Art ihrer Fehleinschätzung durch die Linken sehr. Weil diese nicht erkennen konnten, was Foucault als früher Globalisierungsgegner nicht nur sah, sondern auch guthieß, blieb ihnen auch die Kritik versperrt.

Foucault weiß jedenfalls schon Anfang Oktober 1978, fast ein halbes Jahr vor dem Sturz des Schah-Regimes, wessen Zeit nun angebrochen ist. Auf den kursierenden Tonbandkassetten mit den Predigten der Mullahs hört Foucault »Stimmen, die so furchterregend klangen, wie einst die Stimme Savonarolas in Florenz, die der Wiedertäufer in Münster oder die der Presbyterianer zu Cromwells Zeiten«. Er berichtet, wie er sich gemeinsam mit einem »keineswegs sonderlich religiös« gestimmten Schriftsteller in dessen Teheraner Wohnung eine solche Kassette anhört und den Eindruck gewinnt, dass die Worte »weder nach Heimlichkeit oder Zuflucht noch Verwirrung oder Angst« klingen. Ihn durchfährt ein hellsichtiger Gedanke, den er aber schon beim Aufschreiben wieder dementiert: »Ich brauchte ihn gar nicht erst zu fragen, ob diese Religion, die abwechselnd zum Kampf und zur Besinnung aufruft, nicht zutiefst vom Tod fasziniert ist und ob es ihr nicht eher um Märtyrer geht als um den Sieg. Ich wusste bereits, was er mir antworten würde. ›Ihr im Westen befasst euch übermäßig mit dem Tod. Er soll euch vom Leben erlösen und euch Verzicht lehren. Wir dagegen kümmern uns um die Toten, weil sie uns mit dem Leben verbinden. Wir reichen ihnen die Hand, damit sie uns an die ständige Aufgabe der Gerechtigkeit erinnern. Sie sprechen zu uns vom Recht und vom Kampf, der zum Sieg des Rechts führt.‹«

Der Vorgang ist bemerkenswert: Zunächst bemerkt Foucault, dass die Stimmen der Mullahs verdächtig nach denen christlicher Eiferer klingen, ohne dass diese Feststellung die Frage nach sich zöge, worauf eine solche Ähnlichkeit, vom Gefühl der Bedrohung abgesehen, das sie auszulösen vermag, denn noch hinweisen könnte. Dann fällt ihm auf, dass die Mullahs Tod und Märtyrertum predigen, aber er reagiert darauf lediglich, indem er diesen Eindruck mit den Worten des Schriftstellers affirmiert. Dessen Sätze erscheinen nur auf den ersten Blick als Dementi des islamistischen Credos »Ihr liebt das Leben, wir lieben den Tod«, das heutzutage so aktuell ist. In des Schriftstellers Sätzen wird die Trennung von Leben und Tod im Märtyrer aufgehoben, indem allein Permanenz und Unendlichkeit des Kampfes um das »Recht« betont werden – ein Leben außerhalb dieses Kampfes, der zum Märtyrertod führt, gibt die Beziehung zu den Toten auf und ist demnach sinnlos. Foucault beeindruckt das nicht, es spornt ihn an: »Wissen Sie«, fragt er den Leser, »welcher Satz die Iraner heute am ehesten in Gelächter ausbrechen lässt? Welcher Satz ihnen als der dümmste, platteste und westlichste erscheint? ›Die Religion ist Opium für das Volk.‹ Bis zur gegenwärtig herrschenden Dynastie hatten die Mullahs bei der Predigt ein Gewehr neben sich stehen.«

Für Foucault selbst ist die Religion zum Opium geworden, das seine Auffassungsgabe erheblich beeinträchtigt. Seine Faszination ist die des Europäers, der in weißen Bärten Weisheit und in Handarbeit Authentizität erkennt, der unter der Last bürgerlicher Subjektivität leidet und sich deswegen nach der Wärme der Gemeinschaft, und sei es eine der Gläubigen, und nach personaler Herrschaft sehnt. Genau das sind die Elemente, die er am schiitischen Glauben lobt, wie er im Stil deutscher Islamwissenschaftler/innen zu Protokoll gibt: »Für die Schiiten ist der Koran gerecht, weil er den Willen Gottes zum Ausdruck bringt, aber Gott selbst wollte gerecht sein. Die Gerechtigkeit schafft das Gesetz, und nicht etwa das Gesetz die Gerechtigkeit.«

Diese unmissverständliche Absage ans bürgerliche Recht, das seine Voraussetzungen selbst verrechtlicht, um die formale Vergleichung der Subjekte zu ermöglichen, bedeutet Willkür – in keinem seiner Texte erwähnt Foucault übrigens, wie dieses Recht angewandt wird, dessen Voraussetzung »egalitäre Gerechtigkeit« sei, wie er schreibt. Es ist aber davon auszugehen, dass er gewusst hat, wie diese Rechtsauffassung in praxi aussieht, sonst hätte er, der gesellschaftlichen Aus- und Eingrenzungsprozessen einen beträchtlichen Teil seiner Aufmerksamkeit widmete, zumindest einige Beispiele genannt. Er wollte wohl seine Leser nicht mit der Wirklichkeit der Scharia, die den Kernbestand schiitischer Gerechtigkeitsauffassung darstellt und die schon im damaligen Iran eine Rolle spielte, konfrontieren. Auch darin zeigt sich, dass es Foucault um Propaganda ging. Oder sollte ihm der Inhalt dieser Gerechtigkeitsvorstellung entgangen sein? Kaum vorstellbar. Denn er kritisiert den schiitischen Klerus schließlich, er sei nicht revolutionär genug. Er hält es mit den einfachen Mullahs in den Dörfern, die für ihn »gleichsam sichtbarer Ausdruck des Zorns und der Wünsche der Gemeinschaft« sind. Die schiitische Religion sei »heute, was sie schon mehrfach in der Vergangenheit war: die Form, die der politische Kampf annimmt, wenn er breite Volksschichten erfasst«. Und Foucault erliegt dieser, wie er selbst es nennt, »unwiderstehlichen Kraft«.

Mitte Oktober 1978 erscheint in Frankreich eine Zusammenfassung von Foucaults Reportagen im »Le Nouvel Observateur«. Unter der Überschrift »Wovon träumen die Iraner?« vollzieht Foucault in einem Text die Übergänge, für die er zuvor drei Texte benötigt hatte: von der politischen Lage zur subjektiven Befindlichkeit zur Religion. »Die Situation im Iran gleicht einem Duell zwischen zwei uralten Figuren: ... zwischen dem Despoten und dem Mann, der unter dem Beifall des Volkes mit bloßen Händen gegen ihn antritt.« Die »bloßen Hände« werden auch künftig eine große Rolle spielen: Es ist ja ein Unterschied, ob ich sage »unbewaffnet« oder »mit bloßen Händen« – die Redewendung beruht auf der Trennung von Schaffen und Raffen, auf der Affirmation manueller Tätigkeit und der Verdammung der geistigen: Foucaults Naturalismus nähert sich dem Blut-und-Boden-Kult.

Foucault möchte seinen französischen Lesern vor allem eines vermitteln: dass Khomeini, der unterdessen von Nadjaf nach Paris gezogen, also vom irakischen ins französische Exil gegangen war, keineswegs nur eine vorübergehende Erscheinung ist. Das Kommen und Gehen wichtiger iranischer Oppositioneller in Khomeinis Wohnsitz nahe Paris sei ein Beweis dafür, dass selbst jene Politiker, die einen Niedergang der islamistischen Bewegung erhofften, »an die Kraft des mystischen Stroms glaub(en), der zwischen einem alten, seit 15 Jahren im Exil lebenden Mann und seinem Volk fließt, das nach ihm ruft«. In vier von fünf Fällen habe er als Antwort auf die Frage, was denn die Bewegung gegen den Schah positiv wolle, zur Antwort erhalten: »den islamischen Staat«. Wie um seine Leser zu beruhigen, erwähnt er, dass Ayatollah Madari bei seiner Begegnung mit ihm »von mehreren Mitgliedern des iranischen Menschenrechtskomitees umgeben« gewesen sei. Und überhaupt: »Eines muss klar sein: Unter einem ›islamischen

Staat‹ versteht niemand im Iran ein politisches Regime, in dem der Klerus die Leitung übernähme oder den Rahmen setzte.« Der »islamische Staat« sei für die meisten Iraner »ein Ideal«, »jedenfalls etwas sehr Altes, das zugleich in sehr ferner Zukunft liegt: die Rückkehr zu dem, was der Islam einst zu Zeiten des Propheten war, und zugleich das Streben nach einem fernen leuchtenden Punkt, an dem es möglich sein wird, an alte Treue anzuknüpfen statt bloßen Gehorsam aufrechtzuerhalten. Neben dem Glauben an die schöpferische Kraft des Islam schien mir das Misstrauen gegenüber dem Legalismus ein wesentlicher Aspekt des Strebens nach diesem Ideal zu sein.« Die Gegenüberstellung von Treue und Gehorsam aber war den Nazis ebenfalls eigen, und indem Foucault die Spezifik islamischer Herrschaftsausübung herausarbeitet, wird klar, dass dieses Besondere das Allgemeine autoritärer Bewegungen ist. Wirklich besonders ist bei Foucault nur, dass er von einem »mystischen Strom« spricht, wo von autoritärer Sehnsucht die Rede hätte sein sollen.

Aber immer noch ist ihm dieser politisierte Islam nicht radikal genug. Als ihm »eine religiöse Autorität« erklärt, welche Leitlinien der Koran vorgebe – Arbeit, Gemeineigentum, Freiheit und Minderheitenrechte im Rahmen des Islam, Betonung der unterschiedlichen Stellung von Mann und Frau, Mehrheitsentscheidungen in der Politik, imperatives Mandat gegenüber dem Volk –, antwortet Foucault, das höre sich für ihn an wie »die Grundformeln der bürgerlichen oder revolutionären Demokratie«, und urteilt abschätzig: »Seit dem 18. Jahrhundert wiederholen wir sie unermüdlich, aber Sie wissen ja selbst, wohin sie geführt haben.« Was die religiöse Autorität da herunterbetete, waren nun aber keineswegs die Grundformeln der bürgerlichen Demokratie und schon gar nicht die Ideale der Aufklärung. Foucault spürt, dass es hier um mehr geht, nämlich »um den Versuch, dem politischen Leben wieder eine spirituelle Dimension zu verleihen«. Weil er nun jedoch nicht sein gesamtes Werk auf den Müllhaufen der europäischen Geschichte werfen und einen Übertritt zum Islam in

Erwägung ziehen möchte, räumt er ein, er fühle sich »nicht recht wohl, wenn man vom islamischen Staat als ›Idee‹ oder ›Ideal‹ spricht. Aber als ›politischer Wille‹ hat er mich beeindruckt. Eindrucksvoll daran finde ich den Versuch, als Antwort auf aktuelle Probleme Strukturen zu politisieren, die auf unlösbare Weise zugleich sozialer und religiöser Natur sind. Und auch den Versuch, der Politik eine spirituelle Dimension zu verleihen.«

In dieser »spirituellen Dimension« liegt der Kern der Foucaultschen Faszination, ohne dass er je benannt hätte, was sie eigentlich ist. Am Ende des Textes fragt er nach der Bedeutung des Ziels einer »politischen Spiritualität« für die Menschen und warnt: »Ich höre bereits, wie manche Franzosen lachen, aber ich weiß, dass sie unrecht haben.« So hatte Foucault schon früh begriffen, um was es der islamischen Revolution ging, aber es schreckte ihn, anders als andere Zeitgenossen, nicht; diese Revolution mobilisierte offenbar seine eigene autoritäre Sehnsucht, die in Wahrheit ja nicht eine nach Despotie und Diktatur ist, sondern nach der Herrschaft des Pogrompöbels, der sich vom »Legalismus« nicht gängeln lassen will.

Die »Revolte mit bloßen Händen«, wie Foucault sie in seiner vierten Reportage für den »Corriere« Anfang November 1978 nennt, folgte keiner der für eine Revolution bislang aufgestellten Gesetzmäßigkeiten. Foucault schreibt, dass sich die Bewegung gleichsam wie eine Flut beschleunige, und findet eine Erklärung dafür in ihrem antipolitischen Charakter: »Das iranische Volk hat sich wie ein Igel zusammengerollt und zeigt alle Stacheln. Sein politischer Wille ist es, der Politik keinen Raum zu geben.« In diesem Sinne ist auch der Nationalsozialismus antipolitisch gewesen – der Begriff taugt sowenig zur Klassifizierung fortschrittlicher Bewegungen wie der des Antikapitalismus, denn antipolitisch bedeutet hier die einheitliche Ausrichtung der »politischen Spiritualität« des Volkes gegen die »Mauscheleien der Parteien und Politiker«, wie Foucault es an anderer Stelle ausdrückt.

Nach dem sogenannten Wochenende von Teheran am 4. und 5. November 1978 – Studenten zerschlugen alles, was an den Westen und an den Schah erinnerte, erläutern Foucaults Herausgeber; in anderen Worten: es begann die Islamisierung – schreibt Foucault einen Artikel, in dem er die religiöse Opposition verteidigt und den Schah für den Gewaltausbruch verantwortlich macht: Sein Interesse sei es gewesen, die Opposition zu spalten. Die Gemäßigten sollten sich von der radikalisierten Menge abwenden und zu einem Kompromiss mit dem Pahlewi-Regime kommen. Foucault prophezeit, dass auch dieses Manöver dem Schah nichts mehr nützen wird, weil sich Teile der Armee mit der religiösen Bewegung verbünden würden. Dem Schah wirft er den Satz hinterher: »Die Ordnung birgt solche Gefahren.« Um den Inhalt der Ausschreitungen kümmert er sich nicht, er will nichts wissen von den Frauen, die angegriffen wurden, weil sie den Tschador nicht trugen, von der Zerstörung von Kinos und Theatern, von dem Tugendterror, der heraufzog. Einer iranischen Leserin, die in einem Leserbrief auf Foucaults Artikel im »Nouvel Observateur« kritisch anmerkte, da rede einer dem islamischen Staat das Wort, wird eine seltsam anmutende Antwort zuteil: »Weil Menschen im Iran mit dem Ruf nach einem ›islamischen Staat‹ demonstriert und sich haben töten lassen, war es eine elementare Pflicht, sich zu fragen, welchen Inhalt man diesem Ausdruck gab und welche Kräfte ihn beseelten.«

So versucht Foucault den Eindruck zu erwecken, er sei nur der Überbringer der Botschaft. Zudem betont er, dass er an einigen Stellen durchaus sein Unwohlsein zu Protokoll gegeben habe. Zur Erinnerung: Er befürchtete eine Reintegration der antipolitischen Revolte in die Politik und die Verfälschung der ursprünglichen, »spirituellen« Intention im Fortgang der Revolte. Die Leserbriefschreiberin habe sich zweier Verfehlungen schuldig gemacht. Erstens, so Foucault, vermenge sie »sämtliche Aspekte, sämtliche Formen, sämtliche Möglichkeiten des Islam in ein und derselben Verachtung, um sie unter dem seit einem Jahrtausend erhobenen Vorwurf des ›Fanatismus‹ abzutun.

Zweitens äußert der Leserbrief den Verdacht, im Westen beschränke das Interesse am Islam sich auf die Verachtung für die Muslime.« Das klingt widersprüchlich, aber offenbar hatte die Leserbriefschreiberin den Verdacht geäußert, so könne nur einer schreiben, der die Moslems für zu rückständig hält und meint, sie bräuchten einen islamischen anstelle eines bürgerlichen Staates schon deshalb, weil sie zu anderem nicht fähig seien – eine Auffassung, die sich durchsetzen sollte. Foucault aber habe doch nur warnen wollen. »Das Problem des Islam als einer politischen Kraft ist für unsere Zeit und die kommenden Jahre von zentraler Bedeutung. Wer sich einigermaßen intelligent mit dieser Frage auseinandersetzen will, sollte unter keinen Umständen damit beginnen, Hass ins Spiel zu bringen.« Vom Hass der Islamisten auf das, was sie den Westen nennen – eine Projektion, die nie untersucht wird – spricht er nicht, so wie viele deutsche Freunde der Scharia heute.

Während seines zweiten Aufenthalts im Iran beginnt Foucault mit der zweiten Serie von Reportagen, die ab dem 19. November 1978 wiederum im »Corriere« erscheinen: Sie haben nicht mehr den Anspruch, zu erklären und zu erläutern, sondern sind reine Apologie. »Im Iran bestimmt der Kalender die Termine der Politik. Am 2. Dezember beginnen die Feierlichkeiten des Trauermonats Moharram, mit denen man an den Tod des Imam Hussein erinnert. Es handelt sich um ein großes Bußritual (noch vor kurzem sah man Geißlerprozessionen). Doch das Gefühl der Schuld, das an das Christentum erinnern könnte, ist hier unlösbar mit der Verherrlichung des für eine gerechte Sache erlittenen Martyriums verknüpft. In dieser Zeit sind die Massen bereit, im Rausch des Opfermuts den Tod auf sich zu nehmen. Das schiitische Volk gibt sich den Extremen hin.« Und so weiter und so weiter singt er das Hohelied der islamischen Revolution. Hätte Foucault Filme gedreht, er hätte die Riefenstahl der islamischen Revolution und des Ayatollah Khomeini werden können.

Er schreibt einen Artikel, dem er den Titel »Der iranische Wahnsinn« hatte geben wollen, aber die Redaktion machte »Das mythische

Oberhaupt der Revolte im Iran« daraus, was zwar sperriger klingt, aber den Tenor des Artikels besser trifft. Er eifert: »Die privilegierten Ratten verlassen das Schiff.« Er jubiliert:

... keine Partei, keine Person und keine politische Ideologie kann gegenwärtig den Anspruch erheben, diese Bewegung zu repräsentieren. Niemand kann behaupten, sie zu führen. ... Paradoxerweise bildet sie dennoch einen vollkommen einheitlichen gemeinschaftlichen Willen. ... Es geht stets um ein und dieselbe Sache: Der Schah soll das Land verlassen. Doch diese eine Sache bedeutet für das iranische Volk alles: das Ende der Abhängigkeit, das Verschwinden der Polizei, die Neuverteilung der Öleinnahmen, den Kampf gegen die Korruption, die Wiederbelebung des Islam, ein anderes Leben, neue Beziehungen zum Westen, zu den arabischen Staaten, zu Asien usw.

Schließlich kommt er auf das mythische Oberhaupt zu sprechen. Er erläutert, dass die Politik als solche im Verdacht stehe, Agentur fremder Mächte zu sein, weswegen die Bewegung sich so radikal antipolitisch gebe. »Daher auch die Rolle dieser nahezu mythischen Gestalt Khomeini. Kein Staatschef, kein politischer Führer, und stünden ihm auch sämtliche Medien seines Landes zu Gebote, kann sich heute rühmen, Objekt einer so persönlichen und intensiven Zuneigung zu sein.« Diese Zuneigung erklärt sich für Foucault aus der Abwesenheit Khomeinis, der angekündigt hatte, erst zurückzukehren, wenn der Schah das Land verlassen habe, und aus seiner antipolitischen Haltung: »Khomeini ist der Fixpunkt des gemeinschaftlichen Willens«, dekretiert er knapp. Und antwortet auf die Frage, ob es sich bei den Ereignissen im Iran um eine Revolution handelt: »Das ist keine Revolution im wörtlichen Sinne, sondern der Versuch aufzustehen und sich aufzurichten. Es ist eine Erhebung von Menschen mit bloßen Händen. Sie wollen die gewaltige Last heben, die auf uns allen liegt, vor allem aber auf ihnen, auf diesen Ölarbeitern und Bauern an den Grenzen des Imperiums: die Last der Ordnung der ganzen Welt. Das ist vielleicht die erste große Erhebung gegen die weltumspannenden Systeme, die modernste und irrsinnigste Form der Revolte.«

Besser lässt sich das grüne Band der Sympathie zwischen Globalisierungsgegnern und Islamisten nicht beschreiben als in ihrer eigenen Sprache, aus der vor allem eines spricht: völkischer Kitsch. Man sollte sich von dem Wort »irrsinnig« nicht täuschen lassen, Foucault meint es nicht wertend, sondern im Sinne von »sich dem herrschenden Sinn widersetzen«.

Foucaults islamisches Engagement, wie man es im Unterschied zu Sartres jüdischem Engagement nennen könnte, endet nicht in der Enttäuschung des Enthusiasmierten, sondern in der hartnäckigen Leugnung des Geschehens im Iran. Das verbindet ihn mit vielen Linken, die auf die islamische Karte gesetzt hatten. In einem Gespräch mit Iran-Korrespondenten der »Libération« hält Foucault an seiner Faszination fest. Die beiden Journalisten, ein Mann und eine Frau, waren ebenfalls begeistert von den islamisierten Massen, sie waren »überwältigt«, wie es die Journalistin ausdrückt. In diesem Gespräch, das in einem Buch der beiden Journalisten erschien, welches die französische Öffentlichkeit für die islamische Republik einnehmen sollte, nennt Foucault es anstößig, die islamische Revolte als »fanatisch« zu kennzeichnen; er äußert den nicht ganz falschen Gedanken, dass es sich beim Islamismus nicht einfach nur um eine Ideologie handele, sondern um »das Vokabular, das Ritual, das zeitlose Drama, in dem man das geschichtliche Drama eines Volkes sehen könnte, welches seine Existenz gegen die seines Herrschers setzt«; schließlich entdeckt er das Charakteristikum der islamischen Revolution in dem »absolut gemeinschaftlichen Willen«, der in ihr aufscheine, und fügt hinzu: »... dazu hatten in der Geschichte nur wenige Völker Gelegenheit.«

Von welchen Völkern spricht er da? Die frappanten Ähnlichkeiten der affirmativen Beschreibung Foucaults mit kritischen Berichten späterer Emigranten, die kurz nach der Machtübergabe an die Nazis verfasst wurden – der gemeinschaftliche Wille, die Wiederentdeckung des

Alten als das Neue, das Verständnis sozialer Gerechtigkeit als kollektivistische Gleichmacherei, und nicht zuletzt die »bloßen Hände«, die Betonung des Werts der produktiven Arbeit –, sollten auch Leuten zu denken geben, denen die faschismustheoretische Bemühung um den Islamismus zu weit geht. Denn wovor die späteren Emigranten Angst hatten: dem vereinheitlichten Willen der Volksgemeinschaft, der Betonung sogenannter traditioneller Werte in den sozialen Beziehungen, dem Blut-und-Boden-Kult, dem Antiintellektualismus – das findet Foucault toll. Dass der gemeinschaftliche Wille überhaupt mehr sein kann als eine theoretische, gar ideologische Konstruktion, ist ihm Grund zur Freude: »Das ist großartig, und das kommt nicht alle Tage vor.« Und das, obwohl er gesprächsweise zugibt, dass es im Iran Demonstrationen gab, »die zumindest verbal ausgesprochen antisemitisch waren. Es gab fremdenfeindliche Demonstrationen, nicht nur gegen Amerikaner, sondern auch gegen ausländische Arbeiter, die im Iran arbeiten.«

Die Journalistin klagt, die Attraktivität der Bewegung leide »doch ein wenig«, wenn man Frauen beschimpfe, nur weil sie »Sandalen ohne Strümpfe« tragen, und wenn antisemitische Drohungen ausgestoßen werden. Aber dieser Aspekt der Wirklichkeit, der zu diesem Zeitpunkt bereits zahlreiche Menschenrechtsorganisationen, einige linke Gruppen und vor allem Feministinnen zu Protesten veranlasst hatte, wird nur an dieser einen Stelle von Foucault überhaupt erwähnt und tut im übrigen seiner Sympathie für den Islamismus keinen Abbruch. Am Ende des Gesprächs meint er, »der Rückgriff auf Traditionen und Institutionen, die einen Gutteil Chauvinismus, Nationalismus und Ausschluss bergen«, sei nun mal erforderlich, um den einzelnen »mitzureißen«. In anderen Worten: Der gemeinschaftliche Wille muss durch Chauvinismus, Nationalismus und Ausgrenzungen erst generiert werden, um wirkungsmächtig zu sein. Ein weiteres Beispiel für Foucaults affirmative Massenpsychologie.

»Am 11. Februar 1979 kam es im Iran zur Revolution. Ich habe den Eindruck, diesen Satz werde ich in den Zeitungen von morgen und in den Geschichtsbüchern der Zukunft lesen«, leitet Foucault seinen letzten Artikel für den »Corriere« ein. Wieder geht es um das Volk, das mit »bloßen Händen« den König stürzt. Ansonsten formuliert Foucault nüchterner, seine Beschreibungen sind nicht ganz so schillernd wie zuvor. Vom Feldherrenhügel aus gibt er den Geostrategen und ist wieder einmal nah dran an der Wahrheit, wenn er am Ende seines Textes fragt, was wohl geschehe, wenn das Bestreben der Palästinenser, ihr Land zurückzubekommen, »die Dynamik einer islamischen Bewegung erhält«, und »welche Kraft erhielte umgekehrt Khomeinis ›religiöse‹ Bewegung, wenn sie sich die Befreiung Palästinas zum Ziel setzte?« Der letzte Satz läßt sich sowohl als Warnung als auch als Drohung lesen: »Der Jordan ist nicht mehr besonders weit vom Iran entfernt.«

Foucault ist zweifellos einer der ersten gewesen, die das »Pulverfass Islam«, so die Überschrift seines Textes, als solches begriffen. Aber die in der distanzierteren Wortwahl zum Ausdruck kommenden leisen Zweifel haben nicht lange überlebt. Nur wenige Wochen später geht Foucault, der öffentlich für seine Parteinahme kritisiert wird, auf seine Kritiker los: Er werde nur mit Leuten diskutieren, die nicht darauf insistieren, dass er mögliche Irrtümer revidiere. Nun hatte sich Foucault ja keineswegs geirrt, er hat sich frühzeitig einer im Aufstieg begriffenen Macht angedient, und weil er das wusste, hat er sich davon auch nie distanziert.

Mitte März 1979 wird bekannt, dass islamistische Milizen und der Mob Jagd auf Homosexuelle oder solche machen, die sie dafür halten. Kein Wort von Foucault dazu. Am 8. März demonstrieren Frauen gegen den Tschador, Milizen schießen in die Demonstration. Foucault schweigt eisern. Im April schließlich schreibt er einen offenen Brief an Mehdi Barzagan, den Chef der Revolutionsregierung. Er gibt zu bedenken, dass schon das Wort »Staat« in der Formel vom »islamischen Staat« Wachsamkeit wecken sollte, denn »kein Adjektiv ... befreit ihn von seinen Verpflichtungen«. – Hatte Foucault nicht wenige Monate zuvor noch die Ablehnung des »Legalismus« begrüßt? Jetzt appelliert er an eine Rechtsstaatlichkeit, deren Abschaffung er zumindest nicht kritisiert hatte. Eine Veränderung seiner Haltung, gar eine Distanzierung lässt sich dem Brief jedoch nicht entnehmen, im Gegenteil: Foucault erhofft sich Gehör, weil er sich als Freund der islamischen Revolution versteht.

Mitte Mai 1979 schließlich, als der Terror nicht mehr zu leugnen ist, veröffentlicht Foucault einen Artikel in »Le Monde«, der fälschlicherweise als Ende seines Flirts mit dem Islamismus gedeutet worden ist. Foucault distanziert sich in diesem Text nicht, er resigniert. Noch 1980 sind seine Reportagen im Iran unter dem Titel »Großer französischer Philosoph erkennt die Überlegenheit des Islam an« veröffentlicht worden. Und in seinem »Le Monde«-Artikel schreibt er: »Für den Menschen, der sich erhebt, gibt es letztlich keine Erklärung. Ein Mensch muss sich losreißen und den Faden der Geschichte samt ihren langen Kausalketten durchtrennen, um die Todesgefahr ›wirklich‹ der sicheren Pflicht zum Gehorsam vorziehen zu können.« Todesgefahr lässt sich an dieser Stelle mit »Vorlauf in den Tod« übersetzen, denn Foucault verlegt sich hier einmal mehr auf den deutschen Existentialismus, indem er behauptet, er habe sich ganz der Erhebung an sich verschrieben, nicht ihren Konsequenzen; das aber ist nicht nur die typische Ausrede dessen, der vor lauter Mitmachen nicht an die Folgen des Mitmachens denken will – jetzt möchte er selbst das Engagement in seine intellektuelle Tätigkeit zurückholen, ohne seine Faszination, seine Begeisterung für den totalitären Charakter der islamischen Revolution aufzugeben.

Es mische sich da eben »Bedeutendes und Abscheuliches«, meint Foucault: »die großartige Hoffnung, den Islam wieder zu einer lebendigen Zivilisation zu machen, mit virulenten Formen der Fremdenfeindlichkeit; geopolitische Ziele mit regionalen Rivalitäten. Mit der Unterdrückung der Frau usw.« So genau aber will er es weder wissen noch aufschreiben, denn: »Die iranische Bewegung ist nicht jener ›Gesetzmäßigkeit‹ der Revolution erlegen, wonach, wie es scheint, aus der blinden Begeisterung stets die Tyrannei hervorgeht, die insgeheim bereits darin angelegt ist.« Diese überraschende, realitätsferne Behauptung begründet er so: »Der innerste und am intensivsten erlebte Teil der Erhebung grenzte an einen überlaufenen politischen Kampfplatz. Doch dieser Kontakt bedeutet keine Identität. Die Spiritualität, auf die sich die zum Tode Bereiten beriefen, ist ohne gemeinsames Maß mit der blutigen Herrschaft eines integralistischen Klerus.« »Integralistisch« ist der Klerus, weil nicht radikal genug an der Spiritualität der Erhebung orientiert; er wird nun, unter Vorspiegelung einer falschen, weil geborgten »Authentizität«, zur neuen Herrschaft. Foucault hatte die Mullahs, die nun die Macht übernahmen, gelobt, weil sie die Sprachrohre des Volkes waren; er hatte angemerkt, dass sie von denen lebten und versorgt wurden, die ihnen zuhörten: Nun konstatiert er eine illegitime Machtausübung, denn den Massenterror will er nicht zur Kenntnis nehmen. Darin gleicht er Ernst Jünger, der seine elitären Vorstellungen im Nationalsozialismus nicht verwirklicht fand und sich deshalb von ihm abwandte.

Foucaults Rekurs auf die gesellschaftlichen Möglichkeiten vor ihrer herrschaftlichen Verfestigung zeigt, dass er seine Wahrnehmung des vorrevolutionären Iran retten will; die Verhältnisse können sich ändern, aber die eigene Wahrnehmung bleibt wahr, auch wenn man feststellen muss, dass sie zumindest sehr selektiv gewesen ist. »Es ist gewiss nicht schändlich, seine Meinung zu ändern«, erklärt Foucault nun: »Aber es gibt keinen Grund zu behaupten, man habe seine Meinung geändert, wenn man heute gegen das Abhacken von Händen ist und gestern gegen die Folter des Savak war.« Dass er gegen das Abhacken von Händen ist, sagt Foucault hier zum ersten Mal. Seine »theoretische Moral« sei »antistrategisch«, meint er jetzt, als habe er nicht auf den Islam als auf eine strategische Position gesetzt: »Sie respektiert das Besondere, das die Erhebung darstellt, und bleibt unnachgiebig, wenn die Macht das Universelle behindert.« Was sagt dieser kryptische Satz, was ist »das Universelle«? Der Philosoph tut, was er am liebsten tut: raunen. Vielleicht ist das Universelle die Tatsache, dass Menschen sich erheben, vielleicht würde er heute vom Globalen, besser: vom Antiglobalen sprechen. Darin respektiert er auf besondere Weise, was an der islamischen Revolution besonders war, und trägt unwillentlich zu einer negativen Revolutionstheorie bei, weil er in der islamischen Revolution den zeitgemäßen Ausdruck der massenhaften Erhebung erkannte.

Um auf die Ausgangsfrage zurückzukommen, welches Unglück Foucault dazu gebracht haben mag, seine Selbstabschaffung als Intellektueller zu betreiben: Er hat wissen können, was sich im Iran abspielte; wie andere europäische Linke hantierte er mit einem Hauptwiderspruch, dem alles andere untergeordnet wurde, nur war dieser nicht ökonomisch, sondern im Begriff der Macht begründet, und das hat ihn blind gemacht. Es war seine Entscheidung, den Islamismus zu affirmieren, wie er fortwährend selbst betont. Vielleicht ist Foucault nur einer vom Typus jener Homosexuellen gewesen, bei dem, wie Theodor W. Adorno feststellte, »die Begeisterung fürs Virile sich mit der für Zucht und Ordnung paart, und der, mit der Ideologie des edlen Leibes, zur Hetze gegen andere Minoritäten, etwa die Intellektuellen, bereit ist«. An ihm, so Adorno, werde deutlich, »dass Verfolgung nicht besser macht«.

Die Angleichung der Homosexuellen ans homophobe Ideal ist eine allerdings aktuelle Frage, und Foucault ist ein Beispiel dafür, wie jene nicht etwa unbewusst, sondern völlig bewusst vollzogen werden kann. In einer Eloge auf den Suizid, die im April 1979 in einem französischen Schwulenmagazin unter der Überschrift »Ein so schlichtes Vergnügen« veröffentlicht wurde – zu einer Zeit, als schon mindesten zehn Morde an Schwulen aus dem Iran bekannt waren (und ihm bekannt sein mussten) – schreibt er in leichten Sätzen über die Schönheit des Suizids, den man den Unglücklichen entreißen solle, die ihn »zu einer elenden Angelegenheit werden lassen«. Eine gar nicht dumme Forderung, aber der Grund, den er dafür nennt, dass gerade Homosexuelle die Selbsttötung wählen sollten, klingt gruselig: Foucaults Traum ist, »frei von jeder Identität zu sterben«. Seine Alternative ist ein gesellschaftlicher Zustand, in dem es keine individuelle Identität gibt, sondern nur die kollektive, die die sozialen Beziehungen bis ins einzelne regelt, also auch eine gesellschaftlich sanktionierte Form der Homosexualität stiftet, die dem einzelnen Homosexuellen ermöglicht, dazuzugehören, ohne sein Begehren zu verleugnen.

Damit war Foucault beim Islam an der richtigen Adresse, denn dort ermöglicht die Geschlechtertrennung solche Formen gleichgeschlechtlichen Begehrens. Den Preis dafür aber wollte Foucault schließlich doch nicht zahlen. Gleichwohl: Seine Ablehnung des Subjektstatus führte ihn unweigerlich ins Vorbürgerliche, in einen Zustand, der die sexuelle Orientierung als Akzidens einer Person nicht thematisiert, weil sie als einzelne aus dem Geflecht personaler Abhängigkeiten nicht hervortritt. Dass die Sehnsucht nach einem vorindividuellen Zustand auf nichts anderes als auf die Selbstabschaffung des homosexuellen Subjekts hinausläuft, ist die Konsequenz, die Foucault nicht billigend, sondern freudig in Kauf genommen hat.

Queer und »wir«*

Heute scheint es selbstverständlich, dass queer irgendwie alles ist, was sich selbst eine Abweichung von der Norm zuschreibt. Niemand will heute mehr normal sein, also sind alle queer, denn jede sexuelle Differenz, jeder Fetisch wird zum Bestandteil einer Identität. Was im Interesse einer Entpathologisierung der verschiedenen Formen sexuellen Begehrens durchaus legitim ist, wird in einem ganz anderen Zusammenhang zum Problem: dort nämlich, wo es zur Gleichmacherei ebenjener unterschiedlichen Formen des Begehrens kommt. Es verschwimmen Trennungen und die mit ihnen geschaffenen Begriffe, wenn etwa sadomasochistisches und homosexuelles Begehren auf eine Weise gleichgesetzt werden, als seien sie gleichermaßen sexuell-geschlechtliche Identitäten. Nun werden die hier Anwesenden wissen, dass es dieses sadomasochistische Begehren sowohl homo- wie heterosexuell gibt oder dass beispielsweise ein Mann, der gern Frauenkleider trägt, weder trans- noch homosexuell sein muss. Historisch gibt es eine Verwandtschaft der Subkulturen, die aber mehr mit der gesellschaftlichen Unterdrückung als mit den wirklichen Gemeinsamkeiten zu tun hat.

In der permissiven Gesellschaft, in der wir leben, dreht sich dieses Verhältnis jedoch um: Die Toleranz gegenüber der Homosexualität und den Homosexuellen ist nicht zuletzt der Tatsache geschuldet, dass heute alle queer sind. Ist das nicht schön, ist das nicht toll, und könnten wir nicht dabei bleiben? Alle dürfen alles, damit hat es sich. Leider ist es nicht so. Die Betonung einer gewissen Anormalität schlägt um in Ignoranz gegenüber der Homophobie, die nicht in dem Maße verschwindet, wie sexuelle Differenzen anerkannt zu werden scheinen. Vielmehr ist es so, dass der Hass auf Schwule nicht nachlässt, eben weil

---

* Vortrag, gehalten am 6. Juni 2012 in Wien

diese Differenz im Begehren nicht ohne weiteres überschritten oder integriert werden kann – im Gegensatz zu anderen Formen des Begehrens, die nicht an die Geschlechtlichkeit des menschlichen Objekts gebunden sind. Judith Butler hat mit ihrer Weiterentwicklung der Trennung von Gender und Sex nicht unwesentlich dazu beigetragen, bestimmte Verallgemeinerungen zu hinterfragen – vor allem jene Kategorien, die mit Begriffen wie Frau, Lesbe, Schwuler usw. verbunden sind. Ihr sind jedoch diese Kategorien Sprechakte und Performanzen jenseits des Begehrens, und Begehren heißt nach Freud: nicht anders und nicht ohne dieses eine Objekt sein zu können. Ein solch unausweichliches Begehren aber gibt es bei Butler nicht, es scheint, als wäre eine Entscheidung darüber möglich, wie sich wer zu seinem Begehren stellt. Dass es im Begehren immer die Kompromissbildung gibt, die zwischen dem phantasierten und dem realen Objekt liegt, zwischen dem Wunsch und der Wirklichkeit, wird bei ihr ausgestrichen – es gibt bei ihr keinen anderen Wunsch als die Wirklichkeit, und die Wirklichkeit ist nichts anderes als der Wunsch, weil das Begehren nicht das Triebhaft-Absolute enthält, sondern in sich nur sprachlich, also sozial vermittelt überhaupt da ist.

Das vermittelt sich an dem Punkt sehr bildhaft, den sie als Ausgangspunkt ihres philosophischen Projekts angibt: »Während der Aids-Krise (die übrigens andauert, vor allem auf dem afrikanischen Kontinent) habe ich über den Skandal geschrieben, dass Homosexuelle ums Leben kommen, ohne dass explizit und öffentlich um sie getrauert wird. Es war, als hätte es ihr Leben nie gegeben und als wäre es kein wirklicher Verlust. Diese Situation hat sich geändert, doch am Anfang gab es sehr wenig öffentliche Beachtung für diesen Verlust, und ich war der Meinung, dass sich Homophobie darin ausdrückt, dass man Schwule und Lesben als ›unbetrauerbares Leben‹ ansieht«, sagte Butler 2010 in einem Interview mit der »Jungle World«, nachdem sie den Zivilcourage-Preis des Berliner CSD abgelehnt hatte. Der Skandal liegt nach ihren Worten nicht in dem Tod der Schwulen selbst, sondern darin, dass um sie nicht explizit und öffentlich getrauert wurde. In Butlers Rückschau auf die Aids-Krise geht es gar nicht darum, was real geschehen ist – die Verfolgungen jener Jahre werden geradezu geleugnet, so wie sie heute die Vernichtungsdrohung gegen die Juden in ihrem Engagement gegen Israel leugnet. Reale Verfolgung oder Vernichtung scheint für Butler gar kein Problem darzustellen, weil Sein oder Nichtsein nur noch in der Sprache selber Realität zugesprochen wird. Butler findet sich mit dem Tod im vorhinein ab und will nur noch darüber reden, wie über den Tod geredet wird.

Mit dieser Art des Umgangs mit der Aids-Krise, die eine Möglichkeit der Rationalisierung darstellt, ist Butler aber nicht allein. Es ist und war notwendig, diesen Bruch, den es vor dreißig Jahren mit Aids gegeben hat, zu rationalisieren, was ja sowohl heißt, etwas rational nachzuvollziehen im Sinne von verstehen, als auch das, was nicht gefühlsmäßig verstanden werden kann, abzuwehren, indem es auf eine Verstandesebene gehoben wird, ohne wirklich verstanden worden zu sein. Der Begriff, mit dem die Situation während der Aids-Krise beschrieben wurde, die in den USA vor 25 Jahren ihren Höhepunkt erreichte – ich meine hier die politische, nicht die medizinische Krise –, dieser Begriff war »Krieg«.

»Es war der Anfang vom Ende der Welt, aber nicht alle Leute merkten es sofort. Manche starben. Manche waren beschäftigt. Manche waren beim Hausputz, während im Fernsehen der Kriegsfilm lief.« So beginnt der Roman *People in Trouble* (deutsch: *Leben am Rand*) der amerikanischen Autorin Sarah Schulman, der 1990 in den USA erschien. Der Anfang vom Ende der Welt – so wurde die Aids-Krise von vielen wahrgenommen. Schwule Männer starben, oft unter unwürdigen Bedingungen; was die Krankheit nicht selbst vermochte, besorgten Politik und das gesellschaftliche Klima. Aids wurde in den ersten Jahren in den USA als Strafe Gottes für die Schwulen und die Junkies angesehen, und Hilfe, die wenigstens das schlimmste Leid gelindert hätte, wurde verweigert: Krankenhäuser weigerten sich, Erkrankte aufzunehmen, Busfahrer weigerten sich, Leute mitzunehmen, von denen sie dachten, sie hätten Aids. Die gesellschaftliche Hysterie nahm immer absurdere Formen an, während immer mehr Menschen einen furchtbaren Tod starben. Der Aktivist Vito Russo erklärte auf einer Demonstration 1988: »Mit Aids zu leben ist wie einen Krieg zu erleben, der nur die Leute betrifft, die in den Schützengräben hocken. Jedes Mal, wenn eine Granate explodiert, siehst du dich um und entdeckst, dass du wieder mehr Freunde verloren hast, aber niemand anders nimmt es zur Kenntnis. Ihnen passiert es ja nicht. Sie gehen durch die Straßen, als erlebten wir nicht denselben Albtraum. Und nur du kannst die Schreie der Sterbenden hören, ihre Rufe nach Hilfe. Niemand anderen scheint es zu kümmern.«

In dieser Situation begannen die verschiedenen Communities der sexuellen Minderheiten, die bis dahin nebeneinander existiert hatten, zusammenzuarbeiten, und der Begriff »queer«, der im US-Amerikanischen jede Form der Abweichung fasst, wurde zum Synonym für dieses Bündnis. Der gemeinsame Gegner war nicht nur die Krankheit, der Gegner war eine Gesellschaft, die Leute dahinsiechen ließ, weil sie anders waren. Queer war keine Theorie, sondern ein Sammelbegriff für jene einzelnen und Gruppen, die ihrem Erschrecken über den offen ausgesprochenen Vernichtungswunsch gegen sexuelle Minderheiten in Aktionen Ausdruck verliehen. Nach Jahren, in denen man die Freunde sterben gesehen hatte und damit beschäftigt war, Orte für Trauerfeiern und gar Gräber für die Verstorbenen zu finden, war es genug. 1987 gründete sich die Aids-Coalition to unleash Power, die unter der Abkürzung Act Up für spektakuläre Interventionen gegen die staatliche Gesundheitsverwaltung, Pharmafirmen sowie Politik und Kirchen bekannt wurde. Kraft zu entfesseln, um die gesellschaftliche Ignoranz zu durchbrechen und mit den Mitteln der historischen Bürgerrechtsbewegung dafür zu sorgen, dass endlich die Krankheit bekämpft wird und nicht die Kranken, darum ging es. Es ging nicht um Identitäten, die sich performativ herstellen lassen, sondern um den Kampf gegen den Tod.

Wie kann es sein, dass Sarah Schulman, die New Yorker Autorin, die mit ihrem Roman die Situation Ende der achtziger Jahre so treffend beschrieb, zwanzig Jahre später, im Winter 2011, in der »New York Times« über Israel schreibt, dass schwule Soldaten und die Offenheit Tel Avivs unzulängliche Indikatoren für Menschenrechte seien? Als prominente Vertreterin einer, wie sie es nennt, wachsenden weltweiten schwullesbischen Bewegung gegen die israelische Besatzung wendet sie sich gegen das sogenannte *Pinkwashing* Israels. Die Rechte der Homosexuellen würden für PR-Zwecke missbraucht, um die israelische Besatzung zu rechtfertigen.

Schulman schreibt, warum das aus ihrer Sicht bei den europäischen Schwulen und Lesben so gut ankommt:

Nach Generationen des Opfers und des Kampfes haben Schwule und Lesben in einigen Teilen der Welt Schutz vor Diskriminierung und Anerkennung ihrer Beziehungen erreicht. Aber diese Veränderungen haben einem schändlichen Phänomen Auftrieb gegeben: der Kooptierung von weißen Schwulen und Lesben für fremdenfeindliche und antimoslemische politische Kräfte in Westeuropa und Israel. In den Niederlanden fühlen sich einige Schwule von den Botschaften Geert Wilders' angezogen, der die Erbschaft des ermordeten fremdenfeindlichen schwulen Führers Pim Fortuyn angetreten hat und dessen Freiheitspartei gegenwärtig die drittgrößte des Landes ist. In Norwegen zitierte Anders Behring Breivik, der Extremist, der im Juli 77 Menschen massakrierte, den schwulen amerikanischen Autor Bruce Bawer, der die Einwanderung von Moslems kritisiert, als einen seiner Einflüsse. Der »Guardian« berichtete im vergangenen Jahr, dass die rassistische English Defense League 115 Mitglieder in ihrer Schwulenabteilung hat. Der deutsche Lesben- und Schwulenverband hat Stellungnahmen veröffentlicht, in denen moslemische Einwanderer als Feinde der Schwulen bezeichnet werden.

Diese Mischung aus Lügen und Verdrehungen ist kennzeichnend für jede Form von Verschwörungstheorien. Wer in den letzten zehn

Jahren in Amsterdam war, insbesondere seit dem Mord an Theo van Gogh 2004 und dem Skandal um Ayaan Hirsi Ali, die im eigenen Land nicht vor islamistischen Mördern geschützt wurde, dem oder der kann die Veränderung nicht entgangen sein – der Niedergang der einstigen Schwulenmetropole angesichts homophober Übergriffe seitens moslemischer Einwanderer und die dadurch entstandene Stimmung, in der es nicht mehr ratsam ist, sich allzu offen zu bekennen, haben in der Tat einige Schwule und Lesben in die Reihen der Wilders-Partei getrieben.

Anders Breivik hat in seinem Elaborat ausdrücklich betont, dass Bruce Bawer eben keine Quelle für die Rechtfertigung seiner Mordtat war, weil Bawer ihm zu liberal sei. Aber für Schulman ist Bawer jemand, der es verdient hat, mit Breivik in einem Atemzug genannt zu werden, weil er auch irgendwie gegen Moslems ist – wobei Schulman es tunlichst vermeidet, ihn einen Rassisten zu nennen. Schulman meint in ihrem Artikel, dass die Hervorhebung der Offenheit der israelischen Gesellschaft dazu beitrage, moslemische Schwule und Lesben in »opportunistischer Weise zu ignorieren«. In einer Erwiderung auf Schulmans Kommentar schrieb Bawer: »Was Schulman in ›opportunistischer Weise ignoriert‹, ist, dass schwule Moslems in Westeuropa zumeist in dem Terror leben, von ihren Familien und Communities geoutet zu werden. Ihre Leben sind in Gefahr. So hart ist ihre Bedrängnis, dass es bis vor kurzem keine offen homosexuellen Moslems in Norwegen gab.«

Schließlich die English Defense League (EDL): Im Frühjahr 2012 tauchten im Londoner East End Plakate auf, auf denen zu lesen stand: »Arise and warn, and fear Allah, verily Allah is severe in punishment« – zusammen mit den Angaben der jeweiligen Sure des Koran. In der Mitte war ein Kreis mit einem Balken zu sehen, im Hintergrund die Regenbogenfahne, und auf dem Balken stand: »Gay free zone«. Daraufhin meldeten einige Leute einen East End Pride an, um ihre Sichtbarkeit zu demonstrieren. Man unterstellte ihnen daraufhin eine Nähe zur EDL, zahlreiche schwule Geschäftsinhaber und Aktivisten des East End befürchteten eine Eskalation – und die Demonstration wurde abgesagt. Dass angesichts dieser vorauseilenden Kapitulation Schwule auf die Idee kommen, dass der Feind ihres Feindes ihr Freund sein könnte, ist zwar nicht schön, aber kaum überraschend.

Der Lesben- und Schwulenverband Deutschlands hat selbstverständlich zu keinem Zeitpunkt moslemische Einwanderer als Feinde der Schwulen bezeichnet – ein Märchen, das auf Judith Butler zurückgeht, die 2010 beim Berliner CSD ausgezeichnet werden sollte, was sie mit ebendieser Behauptung abgelehnt hat. Anstatt sich also die Frage zu stellen, wie es kommt, dass Schwule und Lesben sich in rechtsgerichteten und fremdenfeindlichen Organisationen vertreten sehen, wird eine Verschwörungstheorie gebastelt, in deren Fokus weiße Schwule, rechtspopulistische Parteien und das israelische Außenministerium stehen.

»Silence = Death« (»Schweigen gleich Tod«) war die Parole von Act Up. Angesichts der Situation von Schwulen und Lesben in großen Teilen der Welt – namentlich in islamischen Staaten und Communities –, scheint es zumindest widersprüchlich, dass das Lamento über das *Pinkwashing* einhergeht mit dem beredten Schweigen über die Verfolgung und Ermordung von Schwulen. Dieses Schweigen befördert ihren Tod – das Problem der linken Queer-Aktivistinnen um Butler und Schulman ist jedoch Israel. Schulman, die sich mit der Geschichte von Act Up schmückt, möchte die Strategien aus den Achtzigern gegen Israel wiederbeleben; zu diesem Zweck gab sie im Sommer 2012 in New York einen Workshop. Die Verbindung zwischen dem Kampf gegen Aids und dem Hass auf Israel wird heute von ihr selbst hergestellt, aber es war ein langer Weg dorthin, denn der mentale Verfall, der sich in dieser Parallelisierung zeigt, ging einher mit dem langen Marsch durch die universitären Institutionen und der Erfindung der *queer theory*, die sich Schritt für Schritt des Körpers zugunsten des Diskurses und des Lebens zugunsten des Todes entledigt hat.

Der kritische Impuls, der die queere Bewegung am Anfang getragen hatte, musste Schritt für Schritt beseitigt werden. Die Theorie diente nicht dem Verstehen der Erfahrung, sondern ihrem Verschwinden. Nicht der kritische Begriff wurde in der Theorie bewahrt – nämlich dass die gesellschaftliche Emanzipation von sexuellen Minderheiten immer relativ bleibt und fortwährend von Rückschlägen bedroht ist –, nein, mittels der Theorie wurde im Gegenteil alles unternommen, einen kritischen Begriff unmöglich zu machen. Aus den äußerlichen, also zugeschriebenen Identitäten sexueller Minderheiten mussten erst einmal positive Identitäten, Selbstzuschreibungen werden. Wenn es um sexuelle Präferenzen geht, ist das nicht einfach, denn die existieren ja nicht ohne ihr jeweiliges Andere – keine Homo- ohne Heterosexualität, keine weibliche ohne männliche Sexualität, keine Transgeschlechtlichkeit ohne biologisches Geschlecht: Genau das aber nutzte Judith Butler, indem sie vom körperlichen Begehren absah und das biologische Geschlecht zu einer diskursiven Konstruktion erklärte. Auch Aids wurde so von einer tödlichen Krankheit, an der Menschen sterben, zu einem Diskurs, in dem die Toten zu Signifikanten mutierten.

Diese Selbst-Entleibung begann, nachdem die queere Bewegung ihr Ziel erreicht und zugrunde gegangen war: Kaum jemals ist es gelungen, in wenigen Jahren eine für Minderheiten so bedrohliche Situation zu verändern und geradezu in ihr Gegenteil zu verkehren. Aids war danach nicht weniger tödlich, aber das Schweigen war gebrochen – das negative Potential, das aus der unerträglichen Situation entstanden war, hatte sich aufgebraucht. Anstatt Erleichterung zu empfinden, waren jedoch gerade die Linken unter den Aktivistinnen und Aktivisten bitter enttäuscht. Ihr Traum war nicht der amerikanische Traum, sondern – zu dieser Zeit noch unbestimmt – etwas anderes. Die Abrechnung mit den Minderheiten, die sich mit der gesellschaftlichen Anerkennung zufriedengaben, begann. Wenn *queer theory* heute von »Homonationalism« und »Pinkwashing« spricht und meint, weiße Schwule seien in der kapitalistischen Gesellschaft angekommen und würden nun ihre westlichen Privilegien gegen die Palästinenser verteidigen, so ist das nicht nur eine Reprise der Leninschen Theorie von der Arbeiteraristokratie, die sich hat bestechen lassen. *Queer theory* ist vielmehr Ausdruck der Selbstzerstörungstendenz, die jedem Emanzipationsprozess innewohnt; im Vergleich zu anderen historischen Tendenzen, wie etwa der jüdischen Assimilation um die vorletzte Jahrhundertwende, fehlt der *queer theory* jedoch die Idee des Fortschritts. Mehr noch: In der Behauptung, dass es so etwas wie Fortschritt gar nicht geben könne, sondern einzig Verschiebungen in den Effekten der Macht, wird die Idee der Emanzipation überhaupt obsolet – und so ist es nur konsequent, in Israel den Hauptfeind zu erblicken: in der Staat gewordenen Emanzipation der Juden.

In der *queer theory* wird Aids zu einer eigenen Lebensweise. Heute scheint das gar nicht so weit hergeholt; Aids ist in westlichen Staaten zu einer chronischen Erkrankung geworden, mit der viele Patienten lange leben können. Das medizinische Regime jedoch, unter dem sie stehen, setzt eine Lebensweise voraus, die ganz der Medikation gehorcht, so dass es kaum eine Möglichkeit gibt, den Kampf gegen den Ausbruch oder die Verschlechterung der Erkrankung einmal zu vergessen. In diesem Sinne sind aber viele chronische Krankheiten Lebensweisen geworden. Dass Aids heute seinen Schrecken zumindest in einigen Teilen der Welt verloren hat, ist jedoch nicht einer diskursiven Praxis, sondern dem medizinischen Fortschritt zuzuschreiben.

Dieser Fortschritt ist allerdings selbst ein Resultat gesellschaftlicher Auseinandersetzungen, und damit komme ich wieder auf meinen Ausgangspunkt zurück: Am Ende der queeren Bewegung und am Anfang der *queer theory* stand die Behauptung, dass es zahlreiche Überschneidungen von Diskursen gebe, die Beteiligung und Ausschluss herstellten. Rassismus, Homophobie, Klassismus – ja, auch dieses hübsche Wort wurde erfunden, um deutlich zu machen, dass Klassen diskursive Metaphern sind – und zuletzt Lookism und alle möglichen anderen Unterdrückungsmechanismen wurden erfunden, um einen Hauptfeind auszumachen: den weißen Mann. Die Abstufungen in der

Skala der Privilegierten folgten diesem Schema, in dem letztlich die schwarze lesbische behinderte Frau der Inbegriff der Subalternen hätte werden müssen. Damit wurden Lebenstatsachen zu kulturellen Eigenheiten: Armut ist nicht mehr Elend, sondern ein Zustand, in dem mit wenig Mitteln auszukommen ist; Diskriminierung ist nicht mehr Ausgrenzung aus der Konkurrenz, sondern wer diskriminiert wird, ist mit negativer Anerkennung geadelt; Behinderung und Krankheit sind nicht mehr furchtbare Schicksalsschläge, sondern Aspekte des Soseins der Individuen mit besonderen Bedürfnissen ... Deswegen kann auch nichts mehr darüber ausgesagt werden, wie ein Zustand zu bewerten ist – es ist ein jeweiliges Sosein, das nur anerkannt, über dessen Qualität aber nichts ausgesagt werden kann. Das ist politische Korrektheit.

Zu den weißen Männern zählten jedoch die schwulen weißen Männer, die nicht nur in großer Zahl an Aids gestorben, sondern vor allem die Zielscheibe des Hasses gewesen sind. Ihnen, denen die Schuld an der »Schwulenseuche« gegeben wurde, die nun auch das heterosexuelle Amerika bedrohte, und die glücklicherweise die ökonomischen und publizistischen Mittel besaßen, sich dagegen zur Wehr zu setzen, wurde nun vorgeworfen, sie würden die anderen Opfer unsichtbar machen. Dass das erstens nicht stimmte – schließlich waren es schwule Männer, die als erstes den Spritzentausch in New York und San Francisco organisierten – und sie sich das zweitens gar nicht aussuchen konnten, weil ihnen die Rolle des Brunnenvergifters gesellschaftlich auferlegt wurde, war Anfang der neunziger Jahre schon Ausdruck dieser Kulturalisierung. Dass die Homophobie ähnlich wie der Antisemitismus funktioniert, weil sie an den scheinbar Privilegierten ihren Hass auf das Ersehnte wie auf das Gefürchtete ausagiert, musste in der unterschiedslosen Vermengung der Differenzen verdrängt werden. Diese Erkenntnis hätte nämlich eine Bewertung der Qualität der Homophobie vorausgesetzt. So wurde der Spieß umgedreht, und der Hass der Mehrheit auf die Schwulen bekam eine merkwürdige Ergänzung.

Homophobie wurde zu einem Allgemeinplatz, der die spezifische Erfahrung der Aids-Krise, in der die Drohung mit abermaliger Verfolgung handfest geworden war, leugnen musste. In der queeren Geschichtsschreibung wird die Diversität der Bewegung betont, aber nur, um den weißen schwulen Männern den Ehrenplatz zu verweigern, den sie verdient hätten. Sie waren es, die an der Front gekämpft hatten, um bei der Kriegsmetapher zu bleiben, die für diese Zeit gern benutzt wird. Sie waren es, die in den Schützengräben starben. Es waren unbekannte Männer, aber auch Berühmtheiten wie der eingangs zitierte Vito Russo oder der Filmstar Rock Hudson, dessen Bekenntnis zu seiner Homosexualität und zu seiner Erkrankung 1985 das erste Mal eine Welle der Unterstützung hervorrief.

Zum einen ging es also um Bezeichnungen, die eine wirkliche gesellschaftliche Anerkennung simulieren sollten: Die richtige Bezeichnung war diskursiv gleichbedeutend mit einer im Kampf erreichten Anerkennung. Als wenn sich die Bürgerrechtsbewegung der fünfziger und sechziger Jahre um die Frage gedreht hätte, ob man »Neger« oder »Schwarzer« sagt. Auf der anderen Seite dienten und dienen diese Sprachregelungen der Nichtanerkennung der Wirklichkeit: Als könne per Sprache die Ideologie ausgeschaltet werden, die zwar immer sprachlich vermittelt ist, aber auf Denkinhalte zielt, die gesellschaftliche Verhältnisse repräsentieren. Wenn ich also behaupte, die weißen schwulen Männer sind privilegiert, weil sie weiß und Männer sind, dann brauche ich nicht zur Kenntnis zu nehmen, dass und warum ausgerechnet die weißen schwulen Männer im Fadenkreuz der Homohasser standen und stehen.

Der emanzipierte Homosexuelle ist, wie die emanzipierte Frau und der emanzipierte Jude, ein genuines Produkt der Zivilisation, sie wurden in Konsequenz kapitaler Gleichmacherei zu Subjekten gemacht, damit sie dem allgemeinen Arbeitsmarkt zur Verfügung stehen. So gesehen hatten jene antikolonialen Bewegungen recht, wenn sie die Homosexualität als Ausdruck bürgerlicher Vergesellschaftung betrachteten und sich ihrer selbst bewusste Homosexuelle, Transsexuelle und Prostituierte ebenso verfolgten wie Großgrundbesitzer, Militärs und US-Agenten: Jene waren mit den Kolonisatoren erschienen, nun sollten sie mit ihnen wieder von der Bildfläche verschwinden. Sosehr die Gesetzgebung der Kolonialherren die Homosexualität unter Strafe stellte, sosehr waren sie es, die das Phänomen erst heraufbeschworen. Selbstverständlich gab es Homosexuelle in den kolonisierten Bevölkerungen, aber mehr noch gab es zumeist irgendeine Form gesellschaftlich erlaubter Homosexualität, so dass die Frage nach einer individuellen sexuellen Identität gar nicht aufgeworfen wurde. Erst mit den Kolonialherren kam kapitalistische Subjektivität zum Tragen, die nach dem Individuum fragte (und das Objekt der Ausbeutung meinte). Am Untergang der traditionellen Gesellschaften hat die Sprengkraft des Selbstwiderspruchs des Subjekts, dessen sich die Kolonisatoren ebensowenig bewusst waren wie die Kolonisierten, mindestens einen ebensolchen Anteil wie die Maßnahmen, die bewusst zu diesem Zweck eingeleitet wurden.

Es ist dem Wesen der bürgerlichen Emanzipation von Minderheiten geschuldet, dass in ihr immer ein Unglück liegt – das Assimilationsparadox macht jede Bemühung um Anerkennung zur Farce, weil die Angleichung nie vollständig sein kann, ohne die eigene Differenz völlig aufzugeben: Die Gesellschaft, die ihre Minderheiten in unterschiedlichem Maße zur Abgrenzung und Selbstverständigung braucht, verweigert sowohl die Assimilation wie die Möglichkeit, mit der Differenz gleichberechtigt in ihr zu leben.

Die *queer theory*-Theoretikerinnen stehen wie der Ochs vorm Berg, wenn sie zu erklären versuchen, warum in England ab etwa 1600 in weniger als einem Jahrhundert bestimmte Formen mann-männlicher Beziehungen (z.B. das Schlafen in einem Bett) vom Bestandteil der Courtoisie – der höfischen Etikette – zu Merkmalen männlicher Homosexualität geworden sind, warum eine repressive Sexualmoral Einzug hielt und warum sie Jahrhunderte überdauerte. Dass die neue

Qualität von Tauschbeziehungen die Subjektivität unterdrückte, die sie schuf, bleibt für diejenigen ein Geheimnis, die zwar mit Michel Foucault um die Anstrengungen wissen, die zur Triebunterdrückung unternommen wurden, aber mit ihm verkennen, dass diese Zurichtung zum Subjekt die Voraussetzung dafür ist, die Abschaffung der Herrschaft des Menschen über den Menschen wenigstens theoretisch in Angriff zu nehmen.

Weil die Emanzipation in der bürgerlichen Gesellschaft immer Assimilation bis an die Grenze der Selbstaufgabe und darüber hinaus bedeutet und keineswegs mit der ersehnten Anerkennung einhergeht, nimmt es nicht Wunder, wenn Schwule dem Ende der Diskriminierung nicht wirklich etwas abgewinnen können. Zu den Mühen der Minderheitenexistenz die Bürde bürgerlicher Subjektivität aufgebrummt zu bekommen ist mehr, als viele ertragen wollen oder auch können. Entweder gehen sie in einer schwulen Subkultur auf, deren Hauptzweck die Verdrängung der Wirklichkeit ist, indem sie eine eigene erschafft, die allerdings lediglich eine Nachbildung des falschen Ganzen ist, oder sie träumen von einer Wirklichkeit, in der sie entweder ihrer Sexualität oder des Subjektstatus enthoben sind. Diese Trennung ist schon in sich ein Selbstbetrug, denn den Subjektstatus kann man sich ebensowenig aussuchen wie die sexuelle Orientierung. Ist jedoch der Verleugnung der Sexualität und der Hinwendung zum Subjektstatus noch ein Begriff von Gesellschaftlichkeit unterlegt, der dem frühbürgerlichen entspricht – was ich in meinen vier Wänden tue, geht niemanden etwas an, ich nehme in Anspruch, für das beurteilt zu werden, was ich in der Gesellschaft vermag –, führt die Ablehnung des Subjektstatus ins Vorbürgerliche zurück, in einen Zustand, der sexuelle Orientierung als solche nicht kennt, weil Identität einzig über personale Herrschaft hergestellt wird.

Die Widersprüche, die heute internalisiert sind, sollen wieder auf die Gesellschaft zurückgeführt werden. Dass dies auf nichts anderes als Selbstabschaffung hinausläuft, wird nicht einmal bestritten: dermaßen unglücklich wird die eigene Existenz erlebt. So sucht man sich gesellschaftliche Modelle, in denen es, wenigstens dem Anschein nach, die Not der sexuellen Orientierung nicht gibt, die als bürgerlicher Fluch begriffen und für das eigene Unglück verantwortlich gemacht wird. Weder stört dabei, dass die historische Überlieferung neben der sanktionierten homosexuellen Praxis vieler Gesellschaften immer auch den manifesten Homosexuellen kennt, der seine Leidenschaft entweder im gesellschaftlich vorgegebenen Rahmen auslebt oder der Verfolgung anheimfällt; noch fällt auf, dass hier spiegelbildlich das antischwule Ressentiment übernommen wird: Der Hass gilt weniger der eigenen Homosexualität als der missglückten Emanzipation.

Heute setzt sich dieser Kampf gegen das Denken im Hass auf Israel fort, und ich möchte noch einmal auf Sarah Schulman zurückkommen. In ihrem Leitartikel in der »New York Times« wird, wie in der *queer theory* üblich, auf die gesellschaftlichen Verhältnisse nicht viel gegeben – weil alles ununterscheidbar ist, Innen/Außen, Subjekt/Objekt usw., kommt es auf Tatsachen nicht an. Jedoch stellt sich die Frage, warum, wenn schon alles gleich ist, ausgerechnet Israel anders sein soll? Eben weil Israel damit wirbt, dass es einen Unterschied macht für das einzelne queere Subjekt, ob es in Israel lebt oder in der Westbank oder gar in Gaza. Schulman, die für sich in Anspruch nimmt, palästinensische Queers zu unterstützen, verschweigt gern, dass der einzige Ort, an dem diese feiern können, Tel Aviv ist, und dass die von ihr als Beispiel für eine vermeintliche Emanzipation moslemischer Homosexueller genannte Organisation Aswat legal nur in Israel tätig sein kann.

Dennoch, und das erinnert an die Leugnung der Homophobie in den neunziger Jahren, sind es bei Schulman vor allem die weißen Mittelstandsschwulen, die nach Israel reisen oder, noch schlimmer: es verteidigen. Ihre Verschwörungstheorie besteht in der Behauptung, Israel würde die queere Community unterstützen, um von dem, was sie »Besatzung« nennt, abzulenken. Dabei unterläuft ihr, der jüdischamerikanischen linksradikalen Lesbe, jener Faux pas, mit dem sich normalerweise weiße heterosexuelle deutsche und österreichische Politiker wider Willen als Antisemiten bekennen: Sie bezeichnet den amerikanischen Schwulenporno-Produzenten Michael Lucas als »Israeli pornography producer« und wirft ihm vor, in den Ruinen eines ehemals palästinensischen Dorfes einen Film gedreht zu haben. Nun wird es Michael Lucas nicht schmerzen, fälschlicherweise als israelischer Staatsbürger bezeichnet zu werden, denn er ist ein Verfechter Israels und hat sich in diesem Sommer mit Schulman und ihren Freundinnen angelegt, als er verhinderte, dass im LGBT-Community Center in New York antiisraelische Veranstaltungen abgehalten werden. Schulman weiß also, wer Lucas ist, kann sich offenbar aber nur vorstellen, dass jemand, der so vehement für Israel eintritt, selbst Israeli sein muss. In einem offenen Brief an Schulman wies Lucas darauf hin, dass »Tel Tsova, wo einige Szenen des Films ›Men of Israel‹ gedreht wurden, historische Bedeutung für Juden und Palästinenser besitzt – es war ein Ort des vor-israelischen Widerstands gegen die Briten – und seit 60 Jahren ein israelischer Kibbutz ist. (Es wurde wegen seiner szenischen Qualität ausgesucht, nicht als Stellungnahme.)« Er stellte außerdem fest, dass die Konsequenz aus dem Vorwurf, Israel würde Schwulenrechte benutzen, um von Menschenrechtsverletzungen gegen Palästinenser abzulenken, zu unterstellen hieße, die Legalisierung der Schwulen-Ehe in Teilen der USA habe die Funktion, von den Finanzmarktskandalen und dem Krieg im Irak abzulenken. Lucas brachte es auf den Punkt: »Schulmans Paranoia in bezug auf *Pinkwashing* reiht sich nicht nur in die lange und gefährliche Geschichte antisemitischer Verschwörungstheorien ein, sondern bagatellisiert Israels substantielles Engagement für die Schwulenrechte, das seit vielen Jahren andauert und das Amerikas Einsatz in dieser Sache beschämt.«

Das Unbehagen in der homosexuellen Emanzipation*

Nicht alle Homosexuellen freuen sich über die Aufmerksamkeit, die ihnen in den vergangenen Jahren zuteil geworden ist. Anlass für diese Aufmerksamkeit waren Forderungen nach rechtlicher Gleichstellung und nach dem Ende diskriminierender Gesetzgebungen, die mit einem Male durchsetzbar waren; zugleich aber auch ein, wie es schien, Rückschlag im Anstieg von Diskriminierung und Verfolgung weltweit. Mit der homosexuellen Emanzipation ist vielleicht die Diskriminierung als ein gesetzlich und gesellschaftlich akzeptierter Vorgang minimiert worden, nicht aber die Verfolgung: Tatsächlich empfinden es nicht wenige Schwule und Lesben nun als schwieriger, sich in der Öffentlichkeit mit dem oder der Geliebten in offener Zuneigung zu zeigen, als in Zeiten, in denen die Reaktionen sehr viel vorhersehbarer waren. Das heißt: Wo man früher einem gesellschaftlichen Konsens begegnete, der Diskriminierung und Verachtung bedeutete, ist man heute Situationen ausgesetzt, die weniger einschätzbar und von Individuen oder Gruppen, nicht aber von der gesellschaftlichen Situation abhängig sind. War man noch vor dreißig oder zwanzig Jahren eindeutigen Verhältnissen konfrontiert, die ein mehr oder weniger subkulturelles Milieu erzwangen – und damit auch eine Möglichkeit herstellten, in der sich ein Auskommen finden ließ –, sind es heute liberale Gepflogenheiten, die zwar zum einen ein Leben in der Subkultur nicht mehr zwingend machen, zum anderen aber auch die Gewalt, wo sie Homosexuellen als Homosexuellen begegnet, sehr viel unmittelbarer werden lassen.

Jüngst berichtete die »Süddeutsche Zeitung« unter der Überschrift »Nur die Mutigen halten Händchen«:

---

* Vortrag, gehalten am 15.10.2014 in München und am 16.10.2014 in Innsbruck.

»Händchenhalten? Unsere Jugendlichen trauen sich das immer weniger«, sagt auch Leander vom schwulen Jugendtreff Diversity in der Münchner Blumenstraße. Früher, sagt er, habe man gewusst, was einen im Viertel erwarte, heute vermische sich alles. »Wir haben jetzt ein Hetero-Inviertel, das Straßenbild hat sich komplett geändert. Man hat zwar keine Angst, dass man verhauen wird, aber bevor man sich küsst, schaut man schon mal links und rechts.« Auch wenn es immer mehr gay-friendly-Läden in München gebe, auch wenn es noch nie so unkompliziert war wie heute, sich zu outen: Schwule bräuchten ihre Schutzräume, sagt Sub-Berater Kundrath, nach wie vor. »Gerade diejenigen, die ungeoutet sind, stören sich an der Entwicklung«, sagt Leander. Schutzräume wie die Rosa Wiesn, den Christopher Street Day, schwule Partys am Wochenende; Räume, in denen die Männer sie selbst sein können, in denen sie flirten können, in denen sie unter ihresgleichen sind. So richtig aber sei das auf der Müllerstraße eben nicht mehr möglich, dieser Straße, die mittlerweile zu einer Verlängerung der Feierbanane an der Sonnenstraße geworden ist.

In dieser Beschreibung zeigt sich das Unbehagen in der homosexuellen Emanzipation am unmittelbarsten: in einer diffusen Angst, die sich nicht an wirklich erfahrenen Bedrohungssituationen festmacht, sondern an einer eher subjektiv empfundenen Unsicherheit. Im Vergleich zu der Situation von Homosexuellen in anderen Staaten scheint es sich bei diesem Unbehagen um eine Kleinigkeit zu handeln. Ich möchte gerade das Unmittelbare, das Offensichtliche zum Anlass nehmen, dem Unbehagen in und auch an der homosexuellen Emanzipation auf den Grund zu gehen. Nicht zufällig zitiert der Titel meines Vortrags Freuds *Das Unbehagen in der Kultur*, denn es geht mir darum, das Unmittelbare auf seine nicht immer bewussten Motive zu untersuchen. Das kann nur annäherungsweise geschehen, indem ich an einigen mehr oder weniger zufällig herausgesuchten Ereignissen versuche, Entwicklungen aufzuzeigen, die ihrerseits auf unbewusste Motive hinweisen können. Ich denke nicht, dass sich das Unbehagen in der homosexuellen Emanzipation, also das Unbehagen der Homosexuellen selbst, sich von dem Unbehagen an der homosexuellen Emanzipation, also dem Unbehagen der nicht-homosexuellen Mehrheit, im Kern unterscheidet, so unterschiedlich dessen Ausdrucksformen sein mögen.

Das gleichgeschlechtliche Begehren *kennt* keine Geschichte, nur seine Gegenwart, so wie es in einem Moment im das gleiche Geschlecht begehrenden Individuum auftaucht. Die Verfestigung des Begehrens in eine »sexuelle Orientierung«, wie sie im Begriff der Homosexualität gefasst ist, ist schon ein geschichtlicher Begriff. In dem Moment aber, in dem das Individuum sich bewusst wird, als Mann einen Mann, als Frau eine Frau zu begehren, versucht es, sich mit diesem Verlangen zu arrangieren. Ob dieses Bewusstsein erhalten bleibt oder der Verdrängung anheimfällt, ob das Verlangen verwirklicht oder verleugnet wird, ob es sich in einer Perversion verdichtet oder in gefundener Liebe entgrenzt – darüber entscheidet die jeweilige gesellschaftliche Situation ebenso wie das Individuum selbst, das in widrigsten Bedingungen die Liebe finden wie in der Freiheit sein Begehren verleugnen kann. Die Homosexuellen *haben* keine Geschichte. Darum hat das gleichgeschlechtliche Begehren überlebt, darum geht das homosexuelle Subjekt, kaum dass es auf der geschichtlichen Bühne erscheint, auch schon wieder unter, denn Emanzipation setzt die Minderheit, die sich ihrer selbst bewusst ist, voraus. Wie aber soll, was allen Menschen möglich ist: das eigene Geschlecht zu begehren, sich als Minderheit formieren? Erst dann selbstverständlich, ja geradezu natürlich, wenn die Behauptung, das Gegenteil sei wahr, jene Minderheit erschafft. Der Schöpfungsmythos der Homosexuellen ist immer schon die Verneinung der Fortpflanzung.

Hans Mayer beschreibt in seinem Buch *Außenseiter* das Verhältnis der Aufklärung zu Frauen, Homosexuellen und Juden als »ungeduldige Verlegenheit vor Einsamkeiten, welche nicht durch ein Kollektiv geteilt werden«. Das Begehren der Homosexuellen ist für Mayer »das ganzandere Begehren«, ganzanders, weil es nicht einmal anders sein darf. Deswegen hat zwar das ganzandere Begehren eine Geschichte, die von anderen geschrieben wurde, aber diese Geschichte hat keine Subjekte. Sie sind immer wieder neu, machen immer wieder die gleichen Erfahrungen, sie sind sich aber nicht gleich. Keine Geschichte zu haben heißt, es gibt nur Biographie und Kunst. So sind in den vergangenen vier Jahrzehnten eine Reihe Dokumentationen, Filme, Bücher und Zeitschriftenbeiträge, zur Geschichte der Homosexuellen entstanden. Es sind zumeist individuell oder kollektiv erzählte Geschichten nach bewährtem amerikanischen Muster: Der Held, die Heldin – einzeln oder kollektiv – muss eine Talsohle durchschreiten, um auf den Gipfel zu kommen. Es sind individuelle Geschichten von Leid und Befreiung sowie kollektive von Verfolgung und Emanzipation, solche von Verrat und Tod sowie von Scheitern und Sucht, vom Überleben, Leben und Lieben. Es sind eben Geschichten, die jedes Mal aufs Neue erzählt werden, ohne einen inneren Zusammenhang zu schon Erzähltem.

»It could happen to you« ist der Titel eines Videos, das Shane Bitney Crone im Mai 2012 auf Youtube veröffentlicht hat. Es ist ein verstörendes Stück, das den Abschied von seinem tödlich verunglückten Liebsten zum Thema hat. Nicht der Tod ist die Tragödie: die Verweigerung, um den Liebsten trauern zu dürfen, ist es. Shane und sein Liebster, Tom Bridegroom (er hieß wirklich so), trafen sich in Los Angeles. Tom kam aus Indiana und war vor seiner Familie geflüchtet, Shanes Familie war toleranter, aber das nützte in Montana wenig, deswegen ging auch er. Sie trafen sich, es war die große Liebe. Ein schönes Paar. Tom verunglückte tödlich, als er bei einem Fotoshooting von einem Dach stürzte.

Die Katastrophe für seinen Liebsten Shane ist aber nicht allein der Tod des Liebsten. Shane erzählt in seinem Film, dass die beiden fast sechs Jahre ein Paar waren, sie hatten zusammen ein Unternehmen gegründet, ein Haus gekauft. Shanes Familie mochte Tom, aber Toms

Familie war empört. Als Tom einmal nach Hause fuhr, bedrohte ihn sein Vater mit einem Gewehr und griff ihn körperlich an. Seine Mutter riet ihm, sich medizinisch behandeln zu lassen. Zwei Jahre vor Toms Tod verlobten sich die beiden und konnten es kaum erwarten zu heiraten, sobald die Ehe für homosexuelle Paare geöffnet würde. Dazu sollte es nicht mehr kommen: Am 11. Mai 2011 verunglückte Tom, und seine Mutter kam, um seine Leiche zu holen. Nebenbei enteignete sie Shane des gemeinsamen Vermögens. Er zahlte für die Beerdigung und den Transport von Toms Leiche nach Indiana, obwohl er dort nicht mehr zu Hause war. Das war keine 24 Stunden nach dem Unfall. Shane war unfähig zu reagieren. Er erlaubte Toms Mutter auch, dessen Sachen zu durchsuchen und Dinge mitzunehmen. Nach der Freigabe durch den Leichenbeschauer reiste sie ab und versprach Shane, ihn auf dem laufenden zu halten. Sie meldete sich aber nicht mehr, und Shane fuhr nach Indiana, um an Toms Beerdigung teilzunehmen. Auf dem Weg erhielt er einen Anruf, dass er auf der Beerdigung nicht erwünscht sei und dass Toms Vater und Onkel planten, ihn anzugreifen, sollte er auftauchen. Doch Shane hatte nicht nur für Toms Familie aufgehört zu existieren, sondern auch für den Staat: Tom und Shane galten nur als Wohngemeinschaft. Im Krankenhaus erhielt Shane keine Informationen, deswegen war er gezwungen, mit Toms Eltern Kontakt aufzunehmen. Es gab keine Testamente oder Verfügungen, und obwohl sie ein gemeinsames Unternehmen führten und einen Kredit abzuzahlen hatten, war Shane rechtlos. »Hätten Tom und ich heiraten dürfen, wäre vieles anders gelaufen«, resümiert Shane. »Einen geliebten Menschen zu verlieren ist schon verheerend genug, aber danach legal unsichtbar gemacht zu werden, macht den Schmerz noch schlimmer.«

Weder Shane noch Tom waren Aktivisten und wollten es je sein, ihr Wunsch war jenes normale, unauffällige Leben, das homosexuellen Paaren heute möglich ist – oder eben doch nicht. Shane sagt in seinem Video: »Ich nehme an, dass niemand mir zuhören wird, wenn ich nicht rede. Also rede ich.« Auf Youtube hatte Shanes Film binnen kurzer Zeit über eine Million Zuschauer. Linda Bloodworth-Thomason hat einen längeren Film aus der Tragödie gemacht, der 2013 mit großem Erfolg bei den unabhängigen Filmfestivals in den USA lief. »Bridegroom« heißt der Film, Toms Nachname: Bräutigam. Wären sie verheiratet gewesen, hätten sie Rechte gehabt, dann wäre das nicht passiert. Shane hätte trauern dürfen. Seine Trauer ist jetzt ein öffentliches Ereignis. Der Film passt in die Zeit der Homo-Ehe. Shanes Video ist sein persönlicher Protest gewesen, er brauchte keine Geschichte und kein Bewusstsein davon, dass er nicht der erste war, der nicht trauern durfte. »Bridegroom« aber feiert die Gegenwart, als hätte es keine Vergangenheit gegeben. Die Geschichte darf es nicht geben. Die Geschichte, die erzählt, dass für die Homosexuellen die Trauer um die Liebsten etwas Neues ist.

»Die Vergangenheit ist einfach etwas, das vorbei ist.« Christopher Isherwood erzählte die gleiche Geschichte vor fünfzig Jahren. *A Single Man* erschien 1964. Es ist die Geschichte von einem Tag im Leben von George, einem Universitätsprofessor, der Jim, seinen Liebsten, mit dem er Jahre zusammen war, bei einem Autounfall verloren hat. George wurde über den Tod seines Freundes informiert, und ihm wurde mitgeteilt, dass er bei der Beerdigung nicht erwünscht sei. Isherwood beschreibt einen Tag in den Wochen danach, als George beginnt, sich zu zerfleischen. Er darf nicht zeigen, dass er trauert, weil niemand wissen darf, dass er mit einem Mann zusammenlebte. »Stellen Sie sich zwei Menschen vor, die auf diesem engen Raum Tag für Tag, Jahr für Jahr zusammenleben, am selben kleinen Herd stehen, Ellbogen an Ellbogen, und kochen, sich auf der schmalen Treppe aneinander vorbeidrängeln, sich gemeinsam vor dem kleinen Spiegel rasieren, ständig den Körper des anderen berühren, rempeln, stoßen, ungewollt oder absichtlich, lustvoll, aggressiv, ungeduldig, liebevoll oder aufgebracht – stellen Sie sich vor, welche tiefen und doch unsichtbaren Spuren diese beiden überall hinterlassen müssen!«

Im Roman ist es 1962, eine Zeit, in der man schwul sein konnte, solange man es nicht sagte. George ist abgeklärt, einer dieser homosexuellen Männer, die sich kein Sentiment erlauben. Das wäre zu gefährlich. Jims Tod aber zwingt ihn zum Denken. »Aber *jetzt* ist nicht bloß *jetzt*. Jetzt ist auch ein grauer Mahnbescheid; ein Tag später als gestern, ein Jahr später als letztes Jahr. Jedes *Jetzt* ist mit seinem Datum versehen, das alle vergangenen *Jetzt-Momente* gegenstandslos macht, bis später oder früher, vielleicht, nein, nicht vielleicht, ganz gewiss: das Ende kommt.« George denkt darüber nach, wie es ist, wenn man keine Geschichte hat, wenn man noch nicht einmal eine Biographie hat, denn zu dieser Biographie gehörte der Mann, den George geliebt hat. Ihm fällt auf, wie sehr er hasst und wie zerstörerisch der Hass ist. Als er mit seinen Studenten über Aldous Huxley diskutiert, bricht es aus ihm heraus:

Und noch etwas will ich Ihnen sagen: Eine Minderheit hat ihre eigenen Formen der Aggression. Sie fordert die Mehrheit geradezu heraus, sie anzugreifen. Sie hasst die Mehrheit, nicht grundlos natürlich, das gebe ich zu. Sie hasst sogar die anderen Minderheiten – denn alle Minderheiten stehen im Konkurrenzkampf miteinander; eine jede verkündet, dass ihr Leiden das Schlimmste und das Unrecht, das ihr angetan wird, das perfideste sei. Und je mehr sie hassen, je länger sie verfolgt werden, desto bösartiger werden sie! Glauben Sie, dass Menschen bösartig werden, wenn sie geliebt werden? Natürlich nicht! Und wenn sie verabscheut werden, werden sie nett, oder wie? Nein! Wer verfolgt wird, hasst, was ihm widerfährt, er hasst die Leute, die ihm das antun; er ist in einer Welt des Hasses gefangen. Das geht so weit, dass er die Liebe, wenn sie ihm begegnet, nicht mehr erkennt! Liebe ist verdächtig! Man vermutet etwas dahinter, ein Motiv, einen Trick –

hier bricht Georges Rede ab. Er bemerkt, dass er in erster Linie über sich spricht.

In den fünfzig Jahren zwischen George und Shane liegt Aids. Viele homosexuelle Männer sterben, viele homosexuelle Männer und

Frauen kämpfen darum, trauern zu dürfen. Es sind die Lesben, die den Schwulen in dieser Zeit ihre Stimme leihen. Die homosexuellen Männer sind stumm. *Silence = Death* hieß es damals; heute ist das Schweigen tröstlich, das Vergessen erlösend. In Wirklichkeit können es homosexuelle Männer, die heute um die fünfzig sind, nicht fassen, dass sie am Leben geblieben sind. Kaum einer hat niemanden verloren, der ihm wichtig war. Daran zu denken fällt schwer. Schwule Männer sind wie George. George weint nicht.

Der Todfeind hat erkannt, wie wichtig den Gleichgeschlechtlichen ihre Liebsten sind:

Während die zur Abkehr Willigen, die den festen Willen dazu hatten, auch die härteste Arbeit durchstanden, gingen die anderen langsam, je nach Konstitution, physisch zugrunde. Da sie von ihrem Laster nicht lassen konnten oder nicht wollten, wussten sie, dass sie nicht mehr frei werden würden. Dieser stärkst wirksame psychische Druck bei diesen meist zartbesaiteten Naturen beschleunigte den physischen Verfall. Kam dazu noch etwa der Verlust des »Freundes« durch Krankheit oder gar durch Tod, so konnte man den Exitus voraussehen. Viele begingen Selbstmord. Der »Freund« bedeutete diesen Naturen in dieser Lage alles. Es kam mehrere Male vor, dass zwei Freunde zusammen in den Tod gingen.

Das sagte Rudolf Höss, der, bevor er das Konzentrationslager Auschwitz befehligte, in Sachsenhausen gearbeitet hatte. Der Mörder unterschlägt den Terror der SS, aber kann nicht umhin, der Freundschaft seinen Tribut zu zollen. Hätten die Homosexuellen eine Geschichte, sie würde, wie Hans Mayer es tut, mit der Freundschaft beginnen:

Auf dem Schlachtfeld von Chaeronea (im Jahr 338 vor der Zeitenwende) soll der siegreiche Philipp von Mazedonien, der Vater Alexanders, ein sonderbares Wort gesprochen haben, das von Plutarch überliefert wurde. Gegen Philipp hatten die Athener und Thebaner gekämpft. Den Kern der griechischen Streitmacht bildete eine »Heilige Schar«

des Pelopidas, die formiert war aus Freundespaaren. Dreihundert von ihnen waren gefallen. Der Freund hatte nicht überleben wollen ohne den Freund. Bei diesem Anblick habe Philipp ausgerufen: »*Verflucht sei jeder, der meint, dass diese Männer irgend etwas Niedriges geduldet oder getan haben.*«

Hätten die Homosexuellen eine Geschichte, könnte man auf die Idee kommen, dass die Beziehungsunfähigkeit, mit der viele Homosexuelle kokettieren, die Verdrängung jener Angst ist, den Liebsten durch Verfolgung zu verlieren. Als könne man der Verfolgung entgehen, wenn man selbst nicht liebt und nicht geliebt wird. In der *Freundschaft*, in dem, was heute technisch »Beziehung« genannt wird, nicht im Sex, liegt die Gefahr. Nur wenige Homosexuelle kennen das gemeine Unglück, den Geliebten nach einem langen gemeinsamen Leben zu verlieren. Das scheint sich zu ändern, aber auch das kann sich wieder ändern. Das wäre ein Teil der Geschichte, aber sie ist es nicht. Unterdessen haben wir Biographien. Die Homosexuellen aber brauchen eine Geschichte, wollen sie als Minderheit anerkannt werden. Sie haben aber nur die Homosexualität. Die Versuche zur Geschichte sind lausig, es ist die Geschichte nicht der Homosexuellen, sondern die der Homosexualität, die geschrieben wird. Das Begehren, welches die Homosexuellen eint, trennt sie und macht jede und jeden von ihnen einzigartig. Wie jeden anderen Menschen auch; Begehren ist Triebschicksal. Zum Zwecke der Emanzipation spielen die Homosexuellen seit einigen Jahrzehnten Minderheit.

Dem linken und rechten Misstrauen gegen die formale Gleichheit korrespondiert die Befürchtung von Homosexuellen, ihren gewohnten Platz am Rande der Gesellschaft zu verlieren, die wiederum mit der Befürchtung von Heterosexuellen korrespondiert, was denn geschähe, würde die Homosexualität ihr Reservat verlieren. Hätten die Homosexuellen eine Geschichte, sie würde, wie Hans Mayer sie erzählt, mit dem Auftauchen des gleichgeschlechtlichen Begehrens in der Antike beginnen, wo sie keineswegs so akzeptiert war, wie behauptet wird. Zum einen ging es um Knabenliebe und um die Freundschaft von jungen Männern: Die Liebe zwischen Männern war tabu, deswegen spricht Philipp sich für die ehrende Anerkennung der Krieger aus. Zum anderen war diese Liebe deswegen keine sexuelle Orientierung, sondern eine Lebensphase. Die heutige Umkehrung, die die Liebe zwischen zwei Männern anerkennt, die Knabenliebe jedoch aus gutem Grund verurteilt, könnte ein Hinweis auf die Geschichte des ganzanderen Begehrens sein, das sich vielleicht selbst durch die Jahrhunderte veränderte. In dem Maße, wie es zur Orientierung der Objektwahl geronnen ist, wurde die homosexuelle Phase überflüssig. Das Reservat für die Homosexualität wurde jedoch in dem gleichen Maße notwendig, in dem das gleichgeschlechtliche Begehren nicht mehr eine gesellschaftlich akzeptierte Lebensphase darstellte. Indem dieses Begehren *the love that dare not speak its name* wurde, kam es zu jener Abfolge von Verfolgungen, an deren Ende die Minderheit steht.

Noch André Gide wehrte sich gegen Homosexualität und wollte lieber ein Pädophiler sein. Pier Paolo Pasolini ebenso. Sie verteidigten damit weniger die Knabenliebe als ihren Platz in der Gesellschaft, wie Oscar Wilde es in seinem Prozess wegen *gross indecency* aussprach, als er zu der Zeile aus einem Gedicht seines Freundes Lord Alfred Douglas befragt wurde:

»The Love that dare not speak its name« ist in diesem Jahrhundert solch eine große Zuneigung eines älteren zu einem jüngeren Mann, so wie sie zwischen David und Jonathan bestand, so wie sie Platon zur Grundlage seiner Philosophie machte und wie sie in den Sonetten von Michelangelo und Shakespeare zu finden ist. Es ist diese tiefe, spirituelle Zuneigung, die ebenso rein wie vollkommen ist. Sie bestimmt und durchdringt große Kunstwerke wie die von Shakespeare und Michelangelo, und auch diese zwei Briefe von mir, so wie sie sind. Sie wird in diesem Jahrhundert missverstanden, so sehr missverstanden, dass sie wohl als »Love that dare not speak its name« beschrieben werden kann

und derentwegen ich nun dort bin, wo ich bin. Sie ist schön, sie ist heiter, sie ist die ehrbarste Form der Zuneigung. Es ist nichts Unnatürliches an ihr. Sie ist geistig und existiert immer wieder zwischen einem älteren und einem jüngeren Mann, wenn der ältere Mann den Geist hat und der jüngere all das Glück, die Hoffnung und den Zauber des Lebens, das vor ihm liegt.

Warum war, was über Jahrhunderte akzeptiert oder wenigstens geduldet wurde, auf einmal ein Verbrechen, fragte Oscar Wilde, der seine Homosexualität noch als Pädophilie verkleiden wollte. Heute dürfte es umgekehrt sein.

Pier Paolo Pasolini wurde aufgrund seiner Homosexualität aus der Kommunistischen Partei Italiens ausgeschlossen, die katholische Kirche jedoch exkommunizierte ihn nicht. Die Partei brauchte 1949 keine sieben Tage, um Pasolini fallenzulassen, nachdem dieser wegen Verführung Minderjähriger und Unzucht in der Öffentlichkeit angezeigt worden war:

Die Ortsgruppe des PCI von Pordenone hat am 26. Oktober den Parteiausschluss des Dott. Pier Paolo Pasolini, aus Casarsa stammend, wegen moralischer Verwerflichkeit beschlossen. Wir nehmen die Ereignisse, die ein schwerwiegendes Disziplinarverfahren zu Lasten des Dichters Pasolini nach sich gezogen haben, zum Anlass, um noch einmal auf die verderblichen Einflüsse gewisser ideologischer und philosophischer Strömungen der diversen Gide, Sartre und anderer dekadenter Poeten und Literaten hinzuweisen, die sich als Progressisten gebärden wollen, in Wirklichkeit aber die schädlichsten Seiten der bürgerlichen Verkommenheit auf sich vereinen, tönte das Zentralorgan »L'Unità«.

Nichts war zu diesem Zeitpunkt der Wahrheit ferner als die Unterstellung, Pasolini habe etwas mit Gide und Sartre zu schaffen. Zwar hatte er im Verhör die gemeinsame Masturbation mit einigen Jungen aus einem Dorf, in dessen Nähe er zu dieser Zeit als Lehrer arbeitete, mit dem Hinweis zugegeben, er habe aufgrund der Lektüre eines Romans von Gide die Homosexualität ausprobieren wollen, aber dieser Hinweis richtete sich an den Polizisten, der ihn verhörte und von dem er Verständnis für Perversionen solcher Art erwartete, weil dieser D'Annunzio verehrte, der den Unterschied zwischen Leben und Werk aufzuheben trachtete: Offensichtlich hoffte Pasolini, seine Leidenschaft für Jungen würde von diesem Polizisten als dekadente Marotte abgetan. Dennoch hatte Pasolini nichts mit jener Form der Sublimation zu schaffen, in der die Perversion auf einen künstlerischen Begriff gebracht werden soll, wie bei D'Annunzio, dessen Sympathie für Mussolini der Grund dafür gewesen sein dürfte, dass Pasolini wiederum auf die Sympathie des Polizisten spekulierte.

Noch weniger war Pasolini ein Freund der Homosexualität als dekadenter Erscheinung des bürgerlichen Zeitalters, wie sie von André Gide verkörpert wurde. Pasolinis Begehren lebte von der Heimlichkeit. Sein Widerstand richtete sich gegen die zwangsweise Subjektwerdung, die das homosexuelle Verlangen mehr noch als das heterosexuelle freisetzt: frei sowohl von der gesellschaftlich sanktionierten Form der Knabenliebe, die als Form der notgedrungenen Homosexualität wegen der, trotz Geschlechtertrennung, nicht gebannten Gefahr vorehelicher Schwangerschaften geduldet wurde, als auch frei vom Flair des Besonderen, das, wie Proust es beschrieben hat, einer Bohème vorbehalten und ebenso diskriminiert wie sanktioniert war. Als Pasolini im Verhör an die alten, gestatteten und geduldeten Formen der Homosexualität appellierte, bekam er die neue Zeit mit voller Wucht zu spüren. Er flüchtete aus dem Friaul und zog zusammen mit seiner Mutter nach Rom. Später schrieb er an eine Freundin: »Auf mir lastet das Schandmal von Rimbaud oder von Dino Campana oder auch von Oscar Wilde, ob ich will oder nicht, ob die anderen es akzeptieren oder nicht.« In dem Moment, in dem das Entzücken kein heimliches mehr ist, wird es zum Schandmal und zu einer Last, denn zunächst verschwindet nur die Sanktion, die Diskriminierung aber bleibt. Pasolini trauerte um den Verlust jener nicht ungefährlichen Heimlichkeit, die ihm zugleich das Schicksal des Paria ersparte.

Das homosexuelle Reservat ist, wie Mayer schreibt, »eine Welt ohne Vergangenheit, worin auch Zukunft bloß als Permanenz der Gegenwart oder eher: als eine neue und darum libidinöse Gegenwart konzipiert werden mag. Die Beziehung zwischen Mann und Mann oder zwischen begehrendem älteren und begehrtem jüngeren Mann ist nur punktuell denkbar. Dauerte sie lange Zeit, so wurde sie posterotische Bindung: aus Angst vor Einsamkeit, aus Gewohnheit, aus Bequemlichkeit, aus Langeweile.« Dieses Reservat entstand mit der bürgerlichen Gesellschaft, die nur die Gleichschaltung oder den Skandal gelten lassen wollte. Es machte jene gleichgeschlechtlichen Beziehungen, die im Feudalismus durchaus als Lebenspartnerschaften möglich waren, unmöglich, weil der gesellschaftliche Rahmen, der ein Leben in mehreren Bindungen geradezu voraussetzte, gesprengt worden war: Fortan gab es die Liebe zwischen Mann und Frau, die zu den Kindern und die zum Souverän. »Die reine homosexuelle Situation« in der bürgerlichen Gesellschaft, schreibt Mayer, ist »die Permanenz des gegenwärtigen Augenblicks«. Und diese wird zum Gegenbild der ehelichen Treue und zugleich zum Versprechen einer Freiheit ohne Verantwortung.

Die heute vollzogene Trennung zwischen heterosexuellem Koitus und Fortpflanzung hat diesen Neid auf die Homosexuellen nicht vollends aus der Welt geschafft, denn die Frage nach dauerhafter Bindung und Fortpflanzung spielt, wie verdrängt auch immer, zwischen Mann und Frau stets eine Rolle. Zugleich ist die Sehnsucht nach der Permanenz des gegenwärtigen Augenblicks nicht nur homosexuell, sondern der Wunsch nach einem Leben ohne Biographie, ohne Geschichte, in völliger Verfügungsgewalt über sich selbst; eben so zu sein wie das Kapital selbst. Dieser Wunsch, auf die Homosexuellen projiziert, spricht ihnen die Möglichkeit zur Geschichte ab. Im Feindbild des erfolgreichen schwulen Managers, der ungebunden seinen Geschäften nachgeht und zwischen New York, Berlin und Paris pendelt, ist dieser Wunsch aufgehoben. Dieses weitverbreitete Ressentiment gegen die Homosexuellen, sie seien die Speerspitze der verschärften Konkurrenz, die die Werte, welche die Gemeinschaft – eben nicht: Gesellschaft – so gerade noch zusammenhalten, auch noch abschaffen wolle, ist das Ticket des heutigen Homosexuellenhasses, der vom einfachen *Ich habe nichts gegen Schwule, aber* ... über das Gesetz gegen homosexuelle Propaganda in Russland bis hin zu Mord und Totschlag in afrikanischen und islamisch dominierten Ländern reicht. Die Wirklichkeit sieht freilich so aus, dass Homosexuelle in die städtischen Zentren flüchten, weil woanders ein auskömmliches Leben nicht zu haben ist; dass sie keine Bindungen an Land und Leute haben, ist der Verfolgung geschuldet.

Untrennbar ist die homosexuelle Subjektivität mit der bürgerlichen Gesellschaft verbunden. In ihrem Untergang riss das Bürgertum diese Subjektivität wie jede andere mit in den Abgrund, in dem es keine Unschuld mehr geben konnte. Klaus Mann war ihr letzter Vertreter, »innig – aber erfolglos – darum bemüht, den Anschluss an irgendeine Gemeinschaft zu finden, sich irgendeiner Ordnung einzufügen: immer schweifend, immer ruhelos, beunruhigt, umgetrieben, immer auf der Suche«, wie er selbst schreibt. Im Gegensatz zu Gide lehnte er sich nicht zu eng irgendwo an, verteidigte diesen gegen die Verurteilung durch die Kommunisten und wollte gleichzeitig beitragen zum Kampf gegen Nazi-Deutschland. Wahrscheinlich war er der einzige Intellektuelle, der wirklich an einen Antifaschismus glaubte, der nicht im Namen einer anderen Sache die Gemeinsamkeit predigte. Klaus Mann, sagt Hans Mayer, »suchte die Gemeinsamkeit mit anderen, ohne Gleichschaltung, also Mimikry. Das ist nicht gelungen.« Klaus Mann musste lange warten, ehe er endlich in die US-Armee eintreten durfte. Nach dem Sieg zerbrach die Hoffnung, einfach dazuzugehören, ohne sich verstellen zu müssen. Zum Versuch zur Gemeinsamkeit in der Welt gibt es keine Alternative, nur den Suizid. Der Verrat des Jean Genet hat nicht das Format zur Alternative – zu sehr ist ihm das Autoritäre eigen, die Liebe zum Reservat. Das Reservat ist jedoch ein schlechtes Substitut für das Begehren, sosehr sich das manche aus welchen Gründen auch immer wünschen mögen.

Denn der nachbürgerliche Homosexuelle wird von Genet verkörpert. Er rechtfertigt nichts mehr, er zelebriert den Ausschluss und wird deswegen umarmt. Der Dieb, der voller Bewunderung für die Milizen von Vichy und für die SS ist, später für die algerische Unabhängigkeitsbewegung, dann für die Schwarzen in den USA, dann für die Palästinenser, der stets einen Körper sucht, den des Gefangenen, dem das Objekt seiner Begierde egal ist: Genet schwärmte von der »Poesie« des Massakers von Oradour, während er das von Schatila als Horror verurteilte. Er verliebte sich in den arabischen männlichen Körper, in das palästinensische Volk, in die Fedajin, nicht in einzelne Menschen, weil er sich selbst nicht als einzelnen begreifen konnte, sondern lediglich als Exemplar.

Die Faszination, die von Genet ausging und immer noch ausgeht, liegt in der Verweigerung der Individualität, wie sie dann von der *queer theory* in der Folge von Heidegger mit philosophischen Weihen versehen wurde. Da ist zum einen Genets Bewunderung fürs Totalitäre, für den arischen Mörder und dessen Gefühllosigkeit, da ist zum anderen die rassistische Identifikation mit dem Penis des schwarzen oder moslemischen Mannes. Mal ist bei Genet die Regierung der USA faschistisch, mal rechtfertigt er die Taten der Palästinenser als notwendig faschistoid: So sehen es auch heutige Linke und die *queer theory*, so kommt auch der heutige Faschismus in Gestalt des Agitators Dieudonné daher, als Aufstand derer da unten gegen die da oben, deren kulturelle Werte zerstört werden müssen. Dieser Furor zielt jedoch im Kern auf die symbolische Ordnung, wie sie individuell in der ödipalen Konstellation immer wieder erlebt wird, also auf den Vater. Im Ergebnis bedeutet das die Unfähigkeit zur Symbolisierung überhaupt: Der *Quenelle*-Gruß ist ebenso konkretistisch wie Genets Anbetung des schwarzen oder arabischen Phallus. Beide sind auf der Stufe der analen Überwältigung durch den Vater stehengeblieben, die befürchtet und zugleich herbeigesehnt wird.

Nicht voraussetzungslos findet sich diese Verweigerung, die nichts mit der Kritik am Verlust der Individualität zu tun hat, sondern diesen feiert, wie bei Genet auch heute im Furor gegen Israel. In der *queer theory* ebenso wie bei Genet mag der Neid auf die bloße Existenz eines Staates, den der Juden nämlich, ausreichen, der den sexuellen Außenseitern die Unmöglichkeit vorführt, sich anders als in der Gemeinsamkeit mit allen anderen verteidigen zu können. »Aber Sodom ist kein Vaterland«, wie Hans Mayer konstatiert. Während Klaus Mann sich der widersprüchlichen Aufgabe stellte, die Aufklärung, die ihn und seinesgleichen ausgrenzte, gegen ihre Auflösung in die Barbarei zu verteidigen, verweigern sich Genet und in seiner Folge homosexuelle Intellektuelle wie Michel Foucault diesem Widerspruch und tragen so, wenn nicht zum Schlimmsten, so doch zu dessen Verharmlosung bei.

So wird das Unbehagen in der homosexuellen Emanzipation dort am sinnfälligsten, wo diese am weitesten fortgeschritten zu sein scheint, in der endlosen Abfolge des LGBTQI mit Sternchen und Unterstrich; als wolle man in der Auflösung in eine Mehrheit der Minderheiten dem disparaten Status entgehen, der mit dem Schicksal, einer Minderheit anzugehören, unweigerlich einhergeht: Nicht umsonst und als müsse Mayer dementiert werden gibt es deswegen die Selbstbezeichnung *queer nation*. Der Unterschied zwischen Homo-, Bi- und auch Hetero- und Asexuellen auf der einen und Transsexuellen, Transidenten sowie Intersexen auf der anderen Seite besteht schlicht in der Objektwahl: Trans- und Intersexualität sowie andere, zum Teil selbstgewählte Zwischenformen betreffen per definitionem die eigene Geschlechtsidentität; diese Formen sagen nichts über das Begehren des Individuums aus. Wohingegen die Formen der Objektwahl nichts aussagen über die Geschlechtsidentität. Die Behauptung einer großen Familie der devianten Sexualitäten, wie man es auf Diskursdeutsch wohl ausdrücken würde, leugnet diesen fundamentalen Unterschied, wie man überhaupt angetreten zu sein scheint, auch jeden biologischen Unterschied zu leugnen. Damit wird aber nicht nur die offensichtlich verhasste Natur geleugnet, sondern auch die gesellschaftliche Vermittlung, wie sie gerade in der frühen Kindheit im familiären

Kontext Kontur annimmt: Der ideologische Angriff auf die ödipale Konstellation, wie er sich hier formiert, untergräbt die Grundlage dessen, was homosexuelle Emanzipation über den Rahmen der rechtlichen Gleichstellung hinaus bedeuten könnte: die unhintergehbare Realität des einzigartigen Schicksals, welches aus Triebausstattung, Verdrängungsmöglichkeiten und infantil-sexuellen Phantasien über das elterliche Schlafzimmer sich generiert.

Die antiödipale Revolte richtet sich also nicht zufällig gegen Israel und gegen die emanzipierten Homosexuellen. Mit Israel ist das Versprechen der Versöhnung mit der symbolischen Ordnung des Vaters gemeint – die nach Freud sowieso die Ordnung der Söhne ist, die um der Legitimation ihrer Herrschaft willen den Vater getötet haben und die aus dem Versuch der Wiedergutmachung heraus ihre Ordnung als die des Vaters ausgeben: im Wortsinne das Versprechen der Versöhnung. Die soll es nicht geben. Die emanzipierten Homosexuellen hingegen symbolisieren das Versprechen der Gleichheit, das in jedem Fall dementiert werden muss, weil die Differenz geleugnet wird. Ist es nicht auffällig, dass gerade in dem geschichtlichen Moment, in dem die Homosexualität tatsächlich als die von Frauen *und* Männern definiert wird – sowohl in den Gleichstellungsgesetzen wie in jenen Gesetzen, die der schärferen Verfolgung der Homosexualität dienen –, von queerer und linker Seite gefordert wird, die Homosexualität als eigentlichen Begriff abzuschaffen? Zugleich wird ein kulturell begründetes Tabu über die Tatsache errichtet, dass ausgerechnet in solchen Gesellschaften, in denen die Homosexualität als besonders verwerflich gilt, die Zahl der Transsexuellen am höchsten ist. Nirgendwo finden so viele Geschlechtsumwandlungen statt wie im Iran – dort ist das, sanktioniert durch Ayatollah Khomeini, ein Ausweg aus der Homosexualität.

Dass dieser Widerspruch nicht benannt, geschweige denn thematisiert werden darf, hat zur Folge, dass nunmehr Trans- und Intersexuelle als die eigentlich Unterdrückten wahrgenommen werden. Damit wird der Versuch, darüber nachzudenken, warum eine sexuelle Objektwahl zu derartigen Verfolgungen führen kann, wie wir sie in der Gegenwart erleben, im vorhinein unmöglich gemacht. Die Entdifferenzierung von Geschlechtsidentität und Objektwahl und die daraus folgende Subsumierung der Homosexualität unter das Genderdiktat hat der homosexuellen Emanzipation einen Bärendienst erwiesen, ebenso wie das Gendermainstreaming der Frauenemanzipation. Wenn in den Schulen nun *diversity* unterrichtet wird, geschieht dies nicht zuletzt, um die fundamentale Differenz der Objektwahl unsichtbar zu machen.

Die scheinbare Naivität, die in der Hoffnung auf formale Gleichheit liegt: der offensichtliche Spaß daran, eine Heirat auszustatten, was der Homosexuelle sonst nur als Weddingplaner für heterosexuelle Paare durfte, und die kindliche Freude, eine Familie zu gründen und, bis dass der Tod uns scheidet, zusammenzusein, sind nur schwer nachvollziehbar. Für Frauen, die sich diesem Zwang mühsam entziehen mussten, ebenso wie für alle anderen, denen diese Äußerlichkeiten nichts bedeuten. Umgekehrt wird in dieser Unmittelbarkeit auch das sehnlich Vermisste sichtbar, der Wunsch nach guten Eltern ebenso wie der Wunsch nach individuellem Glück. Beides war nicht möglich: So liberal die Eltern sein mögen, so ist und bleibt das homosexuelle Kind ein Schock, und sei es nur aus Sorge um sein Wohlergehen, und individuelles Glück, sofern man davon noch sprechen mag, ist im Reservat der Gleichgeschlechtlichen mit dem ihm eigenen Druck des Kollektivs nicht denkbar. Die Erwartung, dass es unter den Bedingungen der Totalität des gesellschaftlichen Verhängnisses in den höchstentwickelten Staaten der Welt noch Befreiung im Sinne der Stärkung von Vermittlungen gegen unmittelbaren Zwang geben könnte, löst Befremden aus, gerade bei jenen, die sich der Kritik der Gesellschaft gewidmet haben.

Schon wird das homosexuelle Reservat mit Adornos oder die heterosexuelle Ehe mit Horkheimers Worten glorifiziert und damit beiden Unrecht getan. Letztlich wird, was man gegenüber dem Islamismus noch in Anschlag gebracht hatte: dass die bürgerliche Gleichheit nicht das letzte Wort, wohl aber die Voraussetzung für alle weiteren Worte sei, auf die eigenen Gesellschaften nicht angewandt. Hier muss gelten, dass alles negativer Vollzug ist. In der Allgemeinheit der Bestimmung ist das unbestreitbar: In den USA gibt es schon die ersten Rosenkriege bei Scheidungen gleichgeschlechtlicher Ehen. Dass jedoch selbst in einem homosexuellen Rosenkrieg etwas zu finden sein könnte, das jenseits des Unglücks der Untrennbarkeit von sogenannten Beziehungen innerhalb des homosexuellen Reservats liegt, vermag man sich nicht vorzustellen. Mitten im Niedergang geschieht etwas, das zugleich für abwegig und nebensächlich gehalten wird, das allein deswegen für nichtig erklärt wird, weil es eine Minderheit betrifft. Der Sieg besteht nicht in der Ehe, er besteht im Ende des Zwangs, auffallen zu müssen, zum Beispiel immer glücklich und gut drauf zu sein. Nicht schrill sein zu müssen, sondern die Wahl zu haben, ob man schrill sein will oder nicht, darin ist der Fortschritt zu finden: etwas weniger Reaktionsbildung gegen die Ausgrenzung. Schon dieser Satz sagt aus, was eigentlich nicht begründet werden müsste, verweist er doch auf das Ausmaß von Unglück und Unterdrückung, das in der rechtlichen Ungleichheit nicht trotz, sondern wegen der Formalität des Rechts enthalten ist.

Ihren historischen Höhepunkt findet homosexuelle Subjektivität in Oscar Wilde, dessen Gesellschaftskritik den Untergang schon ahnt, der sich aber gegen die Auflösung jener Subjektivität zu wehren weiß, weil sie ihm als staatliche Repression entgegenschlägt. Der soziale Tod des homosexuellen Subjekts ist Wildes *J'accuse*: nicht das eines Stellvertreters, sondern das des Opfers, welches sich weigert, eines zu sein. Wer Wilde witzig findet, hat ihn nicht verstanden. Wildes Humor ist die Distanzierung vom Opferstatus. Die Hoffnung auf Emanzipation lebte davon, dass die Abschaffung der staatlichen Unterdrückung die gesellschaftliche Anerkennung herstellen oder wenigstens die Ausschließung beenden würde. Ein Irrtum. Das Ende der staatlichen Unterdrückung erfolgte erst zu einer Zeit, da sich in den westlichen

Gesellschaften die bürgerliche Subjektivität schon aufzulösen begann und der Untergang des homosexuellen Subjekts besiegelt war.

Was gegenwärtig als Freizügigkeit, Toleranz und Anerkennung über die Homosexuellen kommt, gepaart mit einem penetranten Zwang zur Dankbarkeit gegenüber der jeweiligen Gesellschaft, die jedes Jahr während des Christopher Street Days zelebriert zu werden hat, ist das Gnadenbrot für eine aussterbende Spezies. Es besteht ein grundlegender Unterschied zwischen dem homosexuellen Subjekt und den Schwulen der Gegenwart. Genau das aber unterscheidet sie eben nicht von den anderen. Dennoch und deswegen ist die formale Gleichheit nicht bedeutungslos, und das nicht nur, weil in ihr aufscheint, dass selbst heute noch bürgerliche Rechtsgleichheit alles andere als selbstverständlich ist; zwar vermag sie nicht, jene verlorene Subjektivität wiederherzustellen – das gilt auch für jedes andere Subjekt –, immerhin aber konstituiert sie für den einzelnen Homosexuellen die Bedingung der Möglichkeit zu etwas anderem.

Aufklärung über dieses gesellschaftliche Verhältnis bleibt oberflächlich, wo sie es als Vorurteil rationalisiert, dem mit Bildung abzuhelfen sei; sie scheitert an dem Punkt, wo das Vorurteil obsolet geworden ist, während die Ausschließung nicht endet. Aufklärung hingegen, die anthropologisch verfährt, verewigt das Sosein der Subjekte und perpetuiert das Leid; sie gesteht der Homosexualität zu, das Negativ der Heterosexualität zu sein, sie darf aber auch nicht mehr oder anderes sein: Sie macht aus den homosexuellen Individuen Exemplare. Während die erste Version zur Behauptung tendiert, Vorurteile seien hartnäckiger als die Gesetzgebung, es bestehe also eine Ungleichzeitigkeit, und gesellschaftliches Bewusstsein hänge der objektiven Entwicklung hinterher – ein Denken, das seinen Ursprung in der Staatsaffirmation der Sozialdemokratie hat, als sie selbst nur noch blasses Abbild des Fortschrittsvertrauens war –, enthistorisiert die zweite Variante die Verfolgung und lädt die Verfolgten ein, sie als notwendiges Übel ihrer Existenz zu akzeptieren. Beiden gemein ist der Anspruch, der Staat habe es zu richten; die Gesellschaft gerät aus dem Visier und wird entlastet. Entweder seien die Individuen noch nicht so weit, oder es sei ihnen verwehrt, sich zu entwickeln. Was auch erklären würde, warum es homosexuellen Selbsthass gibt.

»Totalität und Homosexualität gehören zusammen. Während das Subjekt zugrunde geht, negiert es alles, was nicht seiner eigenen Art ist. Die Gegensätze des starken Mannes und des folgsamen Jünglings verfließen in einer Ordnung, die das männliche Prinzip der Herrschaft rein durchsetzt. Indem es alle ohne Ausnahme, auch die vermeintlichen Subjekte zu seinen Objekten macht, schlägt es in die totale Passivität, virtuell ins Weibliche um.« Adornos Verdikt erklärt den Aufstieg der Homosexualität aus dem gesellschaftlichen Verhängnis, wobei er im unklaren lässt, ob er die Homosexuellen selbst meint oder die gesellschaftliche Homosexualität jenseits eines individuellen Begehrens. Wenn sowohl das eine wie das andere gemeint wäre, wie die Gegner der homosexuellen Emanzipation insinuieren: dass die rechtliche Gleichstellung eine perverse Folge der Homosexualisierung der Gesellschaft sei, eines Prozesses, in dem individuell, wenn schon nicht Befreiendes, so doch Entlastendes zugleich gesellschaftlich der totalen Herrschaft dient, so stellte dies in sich die *Inversion* der Dialektik der Aufklärung dar. Darin ist negiert, was dem ganzanderen Begehren angetan wurde, ihm wird eine historische Macht zugesprochen, die es einzig aufgrund der Unterstellung erlangte, es würde die Moral untergraben – darin nicht unähnlich den *Protokollen der Weisen von Zion*.

Was wahr sein könnte an Adornos Gedanken, ist darin dementiert, dass dieser Gedanke offenbar nahtlos ans Ressentiment gegen Sodom angeschlossen werden kann. Ein Begriff von der Geschichte homosexueller Subjektivität würde diesem Gewaltakt des Zusammenzwingens von Individuum und Gesellschaft den Gedanken entgegenstellen, dass sich das individuelle Begehren nicht einer allgemeinen, sondern der individuellen, einzigartigen, wenn auch nie zufälligen ödipalen Konstellation seiner Entstehung verdankt. In der Zurückweisung der männlichen Empfindsamkeit, die nur unterm Zeichen der Heterosexualität Anerkennung findet und als homosexuelle pathologisch begriffen wird, ist etwas von der abgewehrten gleichgeschlechtlichen Objektwahl enthalten, die in den manifest Homosexuellen projiziert werden muss.

Im übrigen ist die Zurückweisung dieser Männlichkeit bei Adorno selbst ambivalent: Er kritisiert Männlichkeit, indem er sie als falsche Männlichkeit, die eigentlich weiblich sei, denunziert. Diese, der falschen Männlichkeit zugrunde liegende Weiblichkeit wird zudem mit totaler Passivität in eins gesetzt. Solcher Verletzlichkeit, der Adornos eingedenk, kann aber nur im Stande einfacher Unfreiheit Genüge getan werden. Das zeigt nicht zuletzt eine Fotokampagne, in der prominente Männer sich küssen, um gegen Homophobie zu protestieren: Es ist ein Akt jener von Adorno eben zu Recht denunzierten Männlichkeit, sich zu küssen, um damit zu dementieren, dass man selbst schwul ist, und zu bestätigen, ein ganzer Mann zu sein.»Heterosexuelle unter sich, alles wie immer«, kommentierte René Pollesch diese Kampagne.

In der verdoppelten Unfreiheit aber ist Verstrickung zwangsläufig, da die Anpassung ebenfalls doppelt zu sein hat. Das enthebt den KZ-Häftling mit rosa Winkel, der zuvor ein NSDAP-Mitgliedsbuch sein eigen nannte, nicht der individuellen Verantwortung. Ihn jedoch als den Prototyp des Nazifaschisten vorzuführen, wie es das Exil unbändig tat, verleugnet die eigene Beteiligung am Zusammenhang der ideologischen Verblendung. Heutzutage wird gerne verdrängt, dass die totalitären Wünsche kollektive waren. Sie in die Homosexuellen zu projizieren ist ein Weg, sie loszuwerden, ganz so, als sei das gleichgeschlechtliche Begehren selbst totalitär, und mehr noch, als sei darin eine menschliche Abart zu finden, der diese Wünsche besonders affin gewesen seien oder noch sind.

Eine homosexuelle Selbstkritik, die das Autoritäre aus sich selbst heraus kritisiert, hat die schlichte Emanzipation zur Voraussetzung, welche Adornos Verdikt allererst beurteilen könnte und nicht als abermalige Projektion aus dem Stand der doppelten Unfreiheit abwehren müsste. So ist es auch mit der Psychoanalyse: Die doppelte Kränkung, die sie für den doppelt Verletzlichen bedeuten muss, kann nicht nur individuell, sie muss gesellschaftlich gebrochen werden. In der Emanzipation der Homosexuellen ist das Moment einer Aufhebung der Kritik der Homosexualität enthalten, in dem Maße, in dem der projektive Gehalt dieser Kritik verlorengeht. Dass in der Rechtsgleichheit das Moment der Anpassung inbegriffen sei, ist, als seien die Homosexuellen, solange sie unterdrückt sind, überhaupt fähig zu einer Kritik jenseits der Selbstverteidigung, ohnehin Lüge im Gewand der Wahrheit. »C'est faux de dire: Je pense. On devrait dire: On me pense«: Wenn Rimbaud sagt, es sei falsch zu sagen, ich denke, es müsse heißen: man denkt mich, ist darin genau der Status gefasst, den verdoppelte Unfreiheit meint. Erst wenn das falsch geworden ist, erst mit der Rechtsgleichheit also, werden die Homosexuellen zur Kritik, die immer auch Selbstkritik ist, befähigt. Erst dann kann wirklich erfasst werden, ob die Homosexualität dem Totalitären zuneigt, ob im gleichgeschlechtlichen Begehren zugleich die faschistische Möglichkeit angelegt ist; erst dann würde die Chance bestehen, das Geheimnis der gleichgeschlechtlichen wie der gegengeschlechtlichen Objektwahl zu ergründen, die so lange tabuisiert bleiben muss, wie seine Entdeckung einer Morddrohung gleichkommt. Der einfache Stand der Unfreiheit ist eine Befreiung: Wer das für die Juden bestätigen kann, darf es in seiner ganzanderen Form für die Homosexuellen wie für die Frauen nicht leugnen.

Falsche Alternative*

Die gute Nachricht zu Beginn: Januar 2015, die Welt ist wieder in Ordnung. Rechts und links sind wieder da, wo sie hingehören, die Trennlinien sind klar gezogen, für oder gegen Pegida, Fragida und Kagida, für oder gegen die diversen Weltverschwörungen, für oder gegen Gender-Theorie ... Auf beiden Seiten das sehr angenehme Gefühl, mit dem eigenen Dafürhalten im Recht zu sein, ebenso wie das manche Übertreibung rechtfertigende Bewusstsein, in der Minderheit zu sein. Die einen sehen die Gesellschaft in den Händen skrupelloser multikultureller Gender-Fanatiker, die anderen meinen, die antisemitischen, rassistischen und homophoben Demonstranten, die wahlweise gegen Islamisierung oder Finanzkapital oder Gender-Theorie auf die Straße gehen, repräsentierten so etwas wie einen heimlichen Konsens der Mehrheit, gegen den man sich nun mit großer Geschlossenheit zur Wehr setzen müsse. Zugleich reklamieren beide Seiten jeweils die schweigende Mehrheit für sich und werden nicht müde, der jeweils anderen Seite vorzuführen, wie wenig sie von den Bedürfnissen und Auffassungen jener phantasierten Mehrheit verstünde. Die Spiegelbildlichkeit der hier aufeinandertreffenden Gruppierungen verweist auf Gemeinsamkeiten jenseits der politischen Rhetorik – auf Mechanismen, die solchen Bewegungen zumal in Deutschland eigen sind, wo der reklamierte Opferstatus und der Appell ans nationale Gemeinwohl unverzichtbare Zutaten sind, um politischen Willensäußerungen die notwendige Legitimität zu verleihen.

Obwohl es um scheinbar unterschiedliche Themen geht, steht doch im Zentrum das Verhältnis von Sexualität und Kultur, wie es sowohl in den Übertreibungen der »Frankfurter Allgemeinen Zeitung«, die vor einer Pornographisierung der sexuellen Aufklärung warnt, als auch

---

* Vortrag, gehalten am 7.1.2015 in Frankfurt/Main und am 9.1.2015 in Freiburg/Breisgau.

in den Versuchen der Gegendemonstranten zum Ausdruck kommt, ihre rechten Gegner mit provokanten Parolen zu verunsichern; sie, die Gegendemonstranten, stellen dabei nur ihre eigene Verklemmtheit zur Schau. Hinter der behaupteten Angst vor Islamisierung steckt eine Faszination durch die sadistischen Inszenierungen des Islamischen Staats; die Abschaffung gesellschaftlicher Vermittlungen wird zugleich gefürchtet und ersehnt. Bei den Montagsmahnwachen der Verschwörungsanhänger kommt nicht zuletzt ein Faible für eine jüdische Potenz zum Tragen, wie es sich exemplarisch etwa im Weltbild des Schlagersängers Xavier Naidoo zeigt, der einen Zusammenhang zwischen Finanzkapital und Kindesmissbrauch großen Stils als gegeben annimmt. Diese zwischen passiven und aktiven Phantasien schwankenden Gemütslagen sind zwar ihrem Gehalt nach wahnhafte Konstruktionen, sie belegen aber zugleich schon den Verlust gesellschaftlicher Bindungen, die zwar ebenfalls eingebildete, also ideologische sind, die sich aber vom Wahn dadurch unterscheiden, dass sie wenigstens versuchen, sich die äußere Wirklichkeit zu erklären, anstatt bloß die äußere der inneren Realität anzupassen.

Diese wahnhaften Konstruktionen taugen außerdem zur Abgrenzung, mit ihnen lässt sich ein Tabu über die eigenen Ängste verhängen, die man dann an den anderen für verrückt erklären kann. Das Argument gegen die Pegidazis, dass es in Sachsen doch gar keine Moslems gebe und überhaupt in Deutschland die Gefahr einer Islamisierung, gemessen am moslemischen Bevölkerungsanteil, sehr gering sei, erspart einem die Frage, wieso hierzulande seit Jahren unablässig von Islamophobie gesprochen wird und diesem kleinen Bevölkerungsanteil eine solche Aufmerksamkeit zukommt, und damit auch die Auseinandersetzung um die dunkle Faszination, die vom islamistischen Terror ausgeht, der ja in erster Linie Moslems trifft. Wenn gegen die Besorgten Eltern eingewandt wird, dass sie die Uhr zurückdrehen und die erreichte sexuelle Vielfalt – was immer das sein soll – in Frage stellen wollen, braucht man nicht mehr darüber nachzudenken, ob nicht islamisierte Jugendliche an alltäglicher Homophobie einen größeren Anteil als die baden-württembergischen Bildungsplangegner haben, denn in vielen Schulen und in manchen Gegenden haben sie die Uhr längst zurückgedreht und mit sexueller Vielfalt aufgeräumt.

Die Sprachlosigkeit angesichts der Formierung dieser Bewegung in Deutschland, die man sicherlich nicht dadurch wird erledigen können, dass man sie der Lächerlichkeit preisgibt, hat ja zunächst darin ihren Grund, dass die Montagsmahnwachen der Verschwörungstheoretiker samt ihrer neuen Friedensbewegung, die mehr oder weniger erfolglosen Demonstrationen der Verteidiger des Abendlandes und die Bewegung gegen die Gender-Theorie nicht als Symptom ein- und desselben Unbehagens betrachtet werden. Dass nicht zusammengedacht werden kann, was zusammengehört, liegt zum einen daran, dass die Schnittmengen relativ groß sind – wer in Dresden gegen Pegida auf die Straße geht, kann durchaus auch gegen Gender-Theorie sein und Verschwörungstheorien anhängen; wer in Stuttgart gegen den Bildungsplan demonstriert hat, sieht sich umgekehrt nicht zwangsläufig auf der Seite der Antisemiten und Rassisten. Auch kann jemand, der gegen die Homohasser auf die Straße geht, Sympathien für Verschwörungstheorien haben und/oder sich vor der Islamisierung fürchten.

Jenseits des subjektiven Dafürhaltens und eingedenk der historischen Tatsache, dass es bei jeder rechten Bewegung gemeinsame thematische Schnittmengen bis in die Linke hinein gibt, die entsprechende Reflexionsausfälle mit sich bringen, kommt hinzu, dass ebenso unterschiedliche Milieus bedient werden: Nicht umsonst ist Pegida in Dresden erfolgreich, und die Besorgten Eltern sind es im Südwesten. Zugleich lassen sich die widersprüchlichsten Tendenzen im Widerstand gegen Weltverschwörungen, Gender-Theoretiker und Islamisten vereinen – und genau dies wäre die Gefahr dieser Bewegung, käme sie in die Lage, das Ressentiment umfassend, wenn auch auf unterschiedlichen Ebenen zu bedienen, denn auf welche Schlagworte es anspringt, ist dem biographischen Zufall geschuldet. Noch besorgniserregender ist jedoch der Versuch, auf der Grundlage des Bekenntnisses zu Aufklärung, sexueller Vielfalt und kulturellem Miteinander eine Gegenbewegung zu konstruieren, die die sozialen Verwerfungen in Deutschland außer acht lässt und einen neuen nationalen Konsens stiftet – also eine Neuauflage der Staatsantifa intendiert.

Tatsächlich findet derzeit so etwas wie eine Wachablösung des Zeitgeistes statt, der bislang eher links verortet war und sich nun nach rechts bewegt – die in Frankreich angesichts von antisemitischer und homophober Gewalt beschworenen Parallelen zu den dreißiger Jahren sind nicht so einfach von der Hand zu weisen. Der seit den sechziger Jahren geltende sozialdemokratische Konsens ist in Europa an sein Ende gekommen, und diese Entwicklung scheint reflexhaft dazu einzuladen, die Gemeinsamkeit der Linken zu beschwören. Das betrifft selbstverständlich auch die Ideologiekritik, die für sich in Anspruch genommen hatte, bestimmte Tendenzen in der (im weitesten Sinne) Linken als der Gesellschaft vorauseilende Entwicklungen wahrzunehmen und zu kritisieren. Die schon beinahe obsessive Befassung mit noch abseitigsten Strömungen hat der Ideologiekritik recht gegeben, wenig später waren diese gesellschaftlicher Mainstream: Von der Missbrauchsdebatte über die Definitionsmacht, vom linken Antizionismus bis zum Antifaschismus und nicht zuletzt dem veganen Lebensstil, alles konnte verwurstet und verbraten werden, vor allem aber eignete sich dazu der Selbsthass der westlichen Gesellschaften, als deren scheinbarer Widerpart die neue rechte Bewegung nun auftritt.

Diese Bewegung zieht gewissermaßen die Konsequenz aus dem linken Zeitgeist der letzten vierzig Jahre: Wenn alles Kultur ist, dann verteidigen wir *unsere* Kultur. Diese Haltung ist es, die die Bildungsplangegner in Baden-Württemberg und in ihrer Folge Initiativen wie die Besorgten Eltern vor sich hertragen wie eine Monstranz. Diese Gruppierungen, die den kleinbürgerlichen Mittelstand repräsentieren, sind nicht nur von ihrer wirtschaftlichen Stellung her bedeutsamer als die deklassierten Pegida- und Hogesa-Anhänger, sie lösen auch nicht jenen Antifa-Impuls aus wie jene, obwohl die Beteiligung etwa des Journalisten Jürgen Elsässer und anderer Deutschnationaler deutlich macht, dass es sich nicht einfach um politisierte Christen handelt; der rechte Rand, von AfD bis NPD, wirft begehrliche Blicke auf die Besorgten Eltern. Immerhin konnten diese Gruppierungen im Jahr 2014 einige tausend Menschen auf die Straße bringen, und sie setzen ihre Demonstrationen fort. Ihre Inhalte sind nicht ganz so einfach zu vermitteln wie die der Pegida, das zeigt der Slogan »Gegen die Frühsexualisierung unserer Kinder«. Gegenstand der Demonstrationen sind zunächst einfach Lehrpläne und Projektveranstaltungen an Schulen, die »sexuelle Vielfalt« zum Thema haben. Man grenzt sich gegen Homophobie ab, möchte niemanden verurteilen. Dennoch: Die Silhouette Vater-Mutter-Tochter-Sohn vor dem Regenbogen, die rosafarbenen Fahnen mit dem gleichen Symbol und der Titel »Demo für alle« sollen an die französische *Manif pour tous* erinnern, die 2012/13 in Frankreich Hunderttausende Menschen gegen die Freigabe der Ehe für homosexuelle Paare mobilisieren konnte und deren Überreste zur Zeit ebenfalls gegen *la théorie du genre* vorgehen. Auch diese Bewegung legte Wert darauf, keineswegs homophob zu sein, sondern die Traditionen und die Familie zu verteidigen. Die Freigabe der Ehe ist in Deutschland aber kein Thema, hier hat man unterdessen eine Vielzahl von Sondergesetzgebungen geschaffen, welche die Eingetragene Partnerschaft der Ehe fast, aber nicht ganz gleichstellen; das ist die Tradition des deutschen Rechts, und insofern brauchen sich die Besorgten Eltern auch nicht zu fürchten.

Aber was ist mit den Gegnern dieser »Demo für alle«? Auf der Straße geht es ihnen vor allem darum, die Besorgten Eltern und ihre Anhänger lächerlich zu machen. Mit sogenannten phantasievollen Aktionen hält man den Leuten Plakate und Sprüche entgegen, die sie schockieren sollen. Ob das mit »Porno statt Adorno« gelingt, wage ich zu bezweifeln, denn was sich lustig reimt und lustvoll und beschwingt daherkommen möchte, verbirgt nur schlecht, dass sich hier jemand keine Gedanken machen wollte. Die bittere Wahrheit ist, dass jenseits der Proteste das bloße pornographische Beschreiben von Sexualität jedes kritische Denken abgelöst hat. Jede Form der Sexualität hat affirmiert zu werden, jede Pathologie – mit Ausnahme der Pädophilie – wurde abgeschafft und damit auch die Möglichkeit, darüber nachzudenken, was das Verhältnis von Sexus und Gesellschaft im Individuum heute anrichtet. Wenn die Besorgten Eltern mit der Parole »Gegen die Frühsexualisierung unserer Kinder« auf die Straße gehen, so ist die Anspielung auf die letzte sexuelle Pathologie sicherlich kein Zufall – und insofern sind diese Demonstrationen auch eine Folge der Missbrauchsdebatten der letzten zwanzig Jahre. Auf diese Befürchtung jedoch beziehen sich jene, die protestieren, gar nicht – und sie können es auch nicht, weil sie in der Sache von denselben Voraussetzungen ausgehen, in ihrer Annahme nämlich, wie das Kind zu seiner Sexualität kommt.

Es geht hier in der Tat beiden Seiten um die Vorstellung, man könne sexuelle Entwicklung und das Verhältnis zur Sexualität im Kind in einem Ausmaß beeinflussen, das man nur als Produkt einer Allmachtsphantasie bezeichnen kann. Während die rechten Christen annehmen, dass die Vorbildwirkung der Eltern und die Sexualaufklärung in der Familie verhindern können, dass Kinder auf sexuelle Abwege geraten, glauben die Vertreter der sexuellen Vielfalt, dass eine frühzeitige sexuelle Aufklärung in Kindergarten und Schule sowohl das Selbstbewusstsein der Kinder als auch deren sexuelle Identitätsfindung in irgendeiner Form unterstützen könnte. Beide wollen, je aus ihrer Sicht, den Kindern Sicherheit geben, wobei der wesentliche Unterschied in der Bewertung dessen liegt, was wünschenswert sei. Die rechten Christen vertreten ein Weltbild, in dem die Familie ein Naturzustand ist, von dem es Abweichungen gibt, die als Entscheidungen wider die göttliche Ordnung, wie sie sich in der Natur repräsentiert, verstanden werden. Daher ist auch Homosexualität für diese Leute eine therapierbare Angewohnheit, ein *bad habit*. Sich über diese

Vorstellungen lustig zu machen und ihre Vertreter als so dumm darzustellen, wie sie sind, ist nicht besonders schwer.

Schwerer ist es schon zu erklären, wieso eine so offensichtlich falsche Vorstellung heutzutage so attraktiv sein kann wie die Vorstellung von Chemtrails. Einer der Anführer der Besorgten Eltern, Mathias Ebert, drückt es im Interview mit dem »Muslim-Markt« so aus:

Wenn heute Lehrer und auch »externe Pädagogen« Kindergärten und Grundschulen besuchen, um die Kinder mit dem »Sexkoffer« (Nachbildungen von erregten Geschlechtsorganen) und regelrechtem Pornomaterial zu konfrontieren und über die sexuelle Vielfalt (was im Bett alles möglich ist etc.) zu sprechen, dann machen wir uns Sorgen. Wenn den Kindern durch die zunehmende Gender-Ideologie weisgemacht werden soll, sie müssten selber entscheiden, ob sie nun Junge oder Mädchen seien, dann machen wir uns Sorgen.

Das klingt grotesk, aber es enthält wie jedes Paranoid ein Stück Wahrheit. Denn wahr ist, dass heute mit der Sexualaufklärung eine Ideologie vermittelt wird, die sich, wie jede echte Ideologie, als bloßes Abbild der Wirklichkeit ausgibt. Ebert stilisiert das nicht zu Unrecht zum Kulturkampf, denn die Vorstellung von *gender* betont das Moment der Sozialisierung von Geschlecht, das nicht zu verwechseln ist mit der Unterscheidung, die Simone de Beauvoir einst getroffen hat: Ihr ging es nicht um die Leugnung von biologischen Tatsachen, sondern um die Kritik der gesellschaftlichen Verdopplung dieser Tatsachen im »zweiten Geschlecht«, in der Frau. In der Performanz von Geschlechtlichkeit, wie sie von Judith Butler konzipiert wird, soll die Unterscheidung von biologischem und sozialem Geschlecht aufgehoben werden. Es ist keineswegs so, dass Butler Natur leugnet, sondern dass auch Natur und Körper für sie Diskurse vorstellen, und diese Diskurse sind es, die die Geschlechter in Gestalt der Subjekte vorführen, nicht die Subjekte selbst. Dennoch ist die popularisierte pädagogische Gender-Theorie, die davon auszugehen scheint, dass es eine subjektive Entscheidung darüber geben könne, wie das Subjekt seine Geschlechtlichkeit und sein Begehren gestaltet, nicht allein eine Übertreibung von paranoiden Mittelstandsevangelikalen. Die Auseinandersetzung um das Buch *Sexualpädagogik der Vielfalt*, die seit Sommer 2014 äußerst hasserfüllt gegen die Mitherausgeberin Elisabeth Tuider geführt wird, hat jedoch einen Grad an Polarisierung erreicht, der es jeder Kritik an Diversität und Differenz zumutet, sich zunächst von Morddrohungen und Vergewaltigungsszenarien gegen die Autoren abzugrenzen. Der Hass, der Tuider etwa von Seiten Akif Pirinccis entgegenschlägt, ist mit einer Kritik der *queer theory* nicht zu verwechseln, gerade weil die ein Existentialurteil über die Theorie fällt, nicht über Menschen.

Die *queer theory* ist in der Gesellschaft angekommen und besitzt keineswegs mehr die von ihr selbst behauptete Randständigkeit, die ihr noch vor wenigen Jahren das Flair des irgendwie Oppositionellen verlieh. Die zahlreichen Gender-Lehrstühle, von denen auch Tuider einen innehat, sprechen vielmehr sowohl von der Ratlosigkeit des universitären Sektors, dem die Themen ausgegangen sind, als auch von der deutschen Gründlichkeit, mit der nunmehr das Gender-Paradigma durchgesetzt ist. Dass jede Kritik an diesem Paradigma unter den Generalverdacht des Antifeminismus oder Maskulinismus – früher hieß es etwas elaborierter: Essentialismus – gestellt und außer den sich selbst generierenden queeren Diskursen kaum noch etwas als »wissenschaftlich« akzeptiert wird, spricht für die Deutungshoheit dieses Paradigmas, welches sich selbst übrigens durchaus als kritisch begreift. Von dem Schock, den sein Milieu erlebte, als sich zunächst in Frankreich und dann auch in Deutschland das rechtskonservative Milieu bemüßigt sah, gegen das Gender-Paradigma auf die Straße zu gehen, hat es sich bis heute nicht erholt. Hatte man sich bislang in der Akademie eingeigelt und einer Sprache befleißigt, die bewusst auf Distinktion setzte, hatte man sehr erfolgreich einen Klassenkampf um die eigene Absicherung geführt, ist mit dem Backlash die Wirklichkeit in den Diskurs eingebrochen.

Dieser Diskurs liest sich in dem Buch *Sexualpädagogik der Vielfalt* so:

War es in früheren Veröffentlichungen ... noch Usus, auch die sogenannten negativen Seiten bzw. Schattenseiten der Sexualität zu benennen und zu thematisieren ..., so liegt diesem Buch, dem Gedanken der Vielfalt folgend, eine andere Sichtweise zugrunde. Denn die weltweiten Migrationsbewegungen, die Ausweitung der Medien und Telekommunikation sowie die Erfolge der Frauen- und Homosexuellenbewegungen haben zur Diversifizierung aller Beziehungs- und Lebensbereiche und zu Ausdifferenzierungen der Theoriebildung geführt. Deswegen kann es nun auch in sexualpädagogischen Methoden nicht mehr darum gehen, die Polarisierungen von Norm/Abnorm, von positiv/negativ zu zementieren, sondern statt dessen wird gerade diese Einteilung und diese Differenzziehung thematisiert. Basierend auf dekonstruktivistischen Ansätzen und den Erfahrungen verschiedenster Emanzipationsbewegungen des 20. Jahrhunderts wird in den hier zusammengestellten Methoden ein streng polares und hierarchisches Denken bezüglich verschiedenster Differenzen auch in der (Sexual-)Pädagogik überwunden, vor allem weil es die Grundlage für Abwertungen, Demütigungen und Diskriminierungen von Menschen bildet. Statt dessen gehen die Methoden von einem Diversity-Verständnis aus, das verschiedene Differenzen, Gemeinsamkeiten und Vielfalten zusammendenkt.

Es wird also alles positiv – im Sinne von nicht bewertbar. Dass darin eine Bewertung liegt, nämlich jene, der das eine so gut wie das andere ist, lässt die Vielfalt zu etwas Beliebigem werden, die negativen Aspekte von Sexualität werden im Sinne der Diversität ebenfalls zu positiven Aspekten der Vielfalt.

Was als von Moral befreit daherkommt, ist eben doch eine neue, eine dekonstruktivistische Moral, die sich der offenbaren Wertung enthält, aber durch den Vergleich von Unvergleichlichem – etwa von kulturellen Vorstellungen über Sexualität und sexuellen Orientierungen als individuellem Ausdruck – eben durchaus wertet. Das Recht des Homosexuellen, nicht diskriminiert zu werden, ist ebensoviel wert wie eine kulturelle Homosexuellenfeindschaft. Abwertungen, Demütigungen und Diskriminierungen gibt es zwar, aber sie sind einem Diskurs geschuldet, der einfach durch einen anderen ersetzt wird. Anstelle von Polaritäten und Hierarchien werden Diversität und Vielfalt gesetzt und im Sinne der Intersektionalität interpretiert: »Vielfalt als Thema und Vielfalt als didaktischer Ansatz beinhaltet das Anliegen, die verschiedenen Differenzkriterien, zum Beispiel Gender, Ethnizität/›Rasse‹ und Klasse, zusammenzudenken und zu berücksichtigen. Denn jeder Mensch ist niemals ›nur‹ Frau oder Schwarzer oder Arbeiter oder …, sondern die Summe verschiedener sozialer Positionierungen.«

Der Mensch als Summe sozialer Positionierungen: Das steht am Ende des Diskurses. Es wird der Eindruck erweckt, es ginge hier tatsächlich um die jeweils individuellen Erfahrungen, aber das Gegenteil ist der Fall; es geht um die Entindividualisierung von Erfahrungen. Übertragen auf das sexualpädagogische Konzept beschreibt Tuider das in einem Beitrag, in dem sie ihren Ansatz gegen die lesbisch-schwule Antidiskriminierungsarbeit in Schulen folgendermaßen abgrenzt: »Es kann nicht mehr von einer Master-Kategorie ausgegangen werden, wie beispielsweise ›Heterosexuell‹ oder ›Frau‹, unter der dann alle weiteren Lebenserfahrungen summiert werden könnten. Vielmehr sind Identitäten und Verortungen immer gleichzeitig von mehreren Differenzen durchzogen. Oder anders gesagt: Ein Männer begehrender Mann mit Migrationshintergrund aus Afghanistan unterscheidet sich von einem deutschen Schwulen oder einem 17jährigen Schwulen im Rollstuhl.« Das ist exakt die Perspektive der Diversität: Der »Männer begehrende Mann aus Afghanistan« ist schon gar nicht mehr schwul, während der deutsche Schwule kein 17jähriger im Rollstuhl sein kann. Die Banalität, dass das sexuelle Begehren keine Gemeinsamkeit schafft, sondern dass dies allenfalls die gemeinsame Erfahrung der Diskriminierung oder Verfolgung tut, wird zugunsten einer anderen Hierarchisierung von Identitätsmerkmalen unsichtbar gemacht.

In dieser Multiplizierung von Identitäten, in der erstens das Begehren selbst zur Identität wird und zweitens mit anderen sogenannten Identitäten gleichgesetzt wird, fehlen eigentlich nur noch die Kennzahlen für die Identitäten nach Machart des ICD (International Statistical Classification of Diseases and Related Health Problems). Tuider weiter: »Mit der Diskussion von Diversity ist in einem ersten Schritt der Abschied von einer zentralen Differenzachse, z.B. Hetero-Homosexuell, und einer vordergründigen Art der Politisierung von Diskriminierung, z.B. von Homophobie oder Rassismus oder Misogynie, verbunden.« Hier spricht sie es offen aus: Keine Differenz darf mehr spezifisch aus der Form ihrer Unterdrückung oder Diskriminierung heraus analysiert werden; damit findet der Antidiskriminierungsansatz sein Ende, der aus dem Kampf um gleiche Rechte entstanden ist. Um gleiche Rechte aber geht es Tuider nicht, sondern um die gegenseitige Anerkennung der Diversität als Vielfalt. So werden gesellschaftliche Machtunterschiede, Diskriminierung und Verfolgung nicht geleugnet, sie können aber nur noch benannt und nicht mehr kritisiert werden, weil es – zumindest scheinbar – ein unentwirrbares Geflecht von Ein- und Ausschlüssen gibt, an dem alle irgendwie beteiligt sind und aus dem es nur den Ausweg der gegenseitigen Anerkennung gibt. Diese gegenseitige Anerkennung setzt jedoch die Zugehörigkeit zu einem Kollektiv voraus, welches seine Existenzberechtigung aus einer gemeinsamen Identität bezieht.

In der *Sexualpädagogik der Vielfalt* heißt es entsprechend: »Der Diversity-Ansatz verabschiedet sich auch von der Defizit- oder Minderheitenperspektive und beinhaltet statt dessen eine Macht- und Differenzperspektive. Dabei gilt es, dem Zusammenhang von Dichotomisierung, Hierarchisierung und Privilegierung nachzugehen. Denn die Zuordnung zu einem der beiden Pole einer Kategorie (z.B. bei der Kategorie Geschlecht die Pole ›Frau‹ oder ›Mann‹, oder in der Kategorie Sexualität: Hetero oder Homo) geht auch weiterhin mit einer hierarchischen Anordnung der beiden Pole und damit mit einer Privilegierung des dominant gesetzten Teiles einher.« Warum die Zuordnung zu einem von zwei Polen automatisch eine Hierarchie impliziert – obwohl sie sprachlich genau das Gegenteil tut –, wird nicht begründet, sondern versteht sich offenbar von selbst. Die »Macht- und Differenzperspektive«, die Privilegien anhand von Geschlecht / Hautfarbe / sexueller Orientierung / sozialökonomischem Status / Behinderung usw. darstellt und für sich in Anspruch nimmt, kritisch zu sein, wird nun als Folie einer sexualpädagogischen Didaktik genommen. Schon ohne Blick auf die Methoden wird klar, dass es um eine Indoktrination geht, die in ihrem ideologischen Gehalt den gleichen Stellenwert wie die Schöpfungstheorie hat: Man kann ihre Wahrheit nur voraussetzen, niemals beweisen – wie wir von Foucault gelernt haben. Nun kann man sagen, jede Form der Didaktik zu welchem Inhalt auch immer ist eine Form der Indoktrination; aber der wesentliche Unterschied zwischen einer an Bürger- und Menschenrechten orientierten Antidiskriminierungsarbeit in Schulen und der »Sexualpädagogik der Vielfalt« besteht darin, dass erstere die Schüler konfrontiert und damit zwingt, sich mit ihren Vorurteilen und Stereotypen auseinanderzusetzen, während letztere dieser Konfrontation nicht nur aus dem Weg geht, sondern sie durch Selbsterfahrungselemente ersetzt, mit denen die Schüler lernen sollen, dass ihr Begehren eine ihrer zahlreichen sozialen Positionierungen darstellt.

Die Methoden, mit denen das getan wird, sollen lust- und phantasievoll sein, und, wie immer, wenn man dieses Wortpaar hört, ist äußerste Vorsicht angebracht. So kritisiert etwa der Luzerner Sozialarbeitsprofessor Daniel Kunz an der ersten Auflage des Buches:

Arg ins Auge stößt der auf S. 39/40 formulierte Kulturrelativismus mit der Empfehlung, religiös-kulturelle Einwände oder Geschlechterdifferenz in Scham umzudeuten und stehenzulassen. Gerade das hier gewählte Beispiel der möglichen Schamgefühle muslimischer Mädchen bei der Vorführung der Kondomanwendung wäre weit mehr geeignet gewesen, die Dialektik der aktuellen in den Menschenrechten verankerten Sexualpädagogik zu entfalten. Das hier angeführte Gefühl der Scham ist ein im Sozialkontext erlerntes. Die von Menschenrechten, Grundgesetz und Schulgesetzgebung eingeforderte Entfaltung der Persönlichkeit würde hier jedoch zumindest die reflektierende Auseinandersetzung bedeuten, um eben darüber zu einem selbstbestimmten Umgang mit sozial und kulturell-religiös intendierten Vorgaben zu gelangen. Mit der Empfehlung, bestimmten Schülerinnen und Schülern eben diese Lernerfahrung vorzuenthalten, widerspricht sich das Autorenteam selbst in bezug auf die geforderte Vielfalt. Dieses Vorgehen ist eher geeignet, die von der Uno als »schädliche kulturelle Praktiken« definierten Mechanismen aufrechtzuerhalten. Es wäre wünschenswert, in einer Neuauflage diesen Punkt ebenfalls den stattgehabten Entwicklungen anzupassen.

Der kulturellen Rücksicht auf Schülerinnen, denen unterstellt wird, moslemisch zu sein, entspricht denn auch eine gewisse Rücksichtslosigkeit bei den sonstigen Methoden, die durchaus dazu angetan sind, individuelle Schamgrenzen zu überschreiten. Das einzige, was Tuider dazu zu sagen hat, ist, dass die Methoden ja jeweils an die Gruppe angepasst werden müssten, damit es nicht zu solchen Überschreitungen kommt – und das ist dann den Pädagogen vor Ort überlassen.

In »Konkret« 12/2014 hat Tuider ihre Einschätzung der aktuellen Situation dargelegt:

Auf den in Stuttgart, Hannover und Leipzig stattfindenden und weiteren geplanten »Demos für alle« wird nun diese gegebene Vielfalt als Angriff auf und Krise von »Ehe und Familie« interpretiert. Gleichstellung(spolitik) wird als Diskriminierung deklariert und die wissenschaftlichen Erkenntnisse zu Geschlecht und Sexualität (allen voran aus der Sexualwissenschaft, der Geschlechterforschung und der Familiensoziologie) als Angriff auf bürgerliche Familien- und Lebensentwürfe zurückgewiesen. Die Organisatoren und Organisatorinnen, Teilnehmenden und Kommentierenden in den Social Media aus dem (rechts)konservativen bis bürgerlichen Spektrum beschwören immer wieder zwei unterschiedliche Bedrohungsszenarien: zum einen »die letzte Perversion« Pädophilie und zum anderen sexualisierte Gewalt. Ein vermeintlicher »Kinderschutz« soll als Legitimationsbasis herhalten, um sexistische, homophobe und rassistische Ressentiments zu schüren: Die Figur des »reinen, unschuldigen Kindes« wird hier aufgerufen, um die Zukunft der (weißen, deutschen) Nation zu sichern, die es vor jeglicher Bedrohung, Verfremdung und Pervertierung zu schützen gilt. Auf der Basis der Angst vor sozialem Wandel sowie vor dem Verlust von (männlichen, weißen) Privilegien soll die heterosexuelle »Normalfamilie« zur einzigen Norm erhoben werden. Die Sexualpädagogik der Vielfalt gilt ihren Gegner/innen als Angriff auf diese vermeintliche »Normalität«. Inhalte sowie Ziele der Sexualpädagogik haben sie dabei verdreht, dekontextualisiert und skandalisiert – um damit einer erneuten Tabuisierung von Sexualität Vorschub zu leisten.

Zum einen erklärt Tuider, wenig überraschend, die Vielfalt zur gesellschaftlichen Realität und damit sich selbst zu ihrer Verkünderin, zum anderen baut sie den Popanz einer rechtskonservativen Bewegung auf, die die Uhr zurückdrehen will. Hier spricht die Überraschung aus der Konfrontation mit einer Wirklichkeit, die Tuider und ihre Mitstreiter in ihrer theoretischen Beschäftigung mit Vielfalt wohl bislang nicht zur Kenntnis genommen haben. Zugleich appelliert sie, indem sie die Bewegung der Besorgten Eltern zur Bedrohung für die doch ohnehin existierende Vielfalt aufbaut, an die Notwendigkeit einer gemeinsamen Abwehrbewegung. Soll es, parallel zum neuerlichen Aufstand der Anständigen gegen Pegida, nun einen Aufstand der Vielfältigen gegen die »Demos für alle« geben? Muss ich meine Kritik an der Gender-Theorie aus taktischen Gründen vorläufig auf Eis legen, weil deren Gegner noch schlimmer sind? Allgemeiner: Besteht die Gefahr, dass der Ideologiekritik der postmodernen Philosophie eine Art Sozialfaschismusthese innewohnt, mit der der wirkliche Feind unsichtbar gemacht zu werden droht?

Zunächst fällt auf, dass die Besorgten Eltern und die Vielfältigen mindestens eine gemeinsame diskursive Leerstelle haben, um die herum viel Nebel verbreitet wird und die nur in Momenten, in denen die Selbstzensur nicht funktioniert, unvermittelt im Zentrum steht: die Homosexualität und die (männlichen) Homosexuellen. Die *queer theory* will sie entthronen und zu einer Identitätskennziffer unter anderen machen, um sich der belastenden Dominanz des Homosexuellenhasses zu entledigen. Die dümmste Kritik an der Schwulenbewegung war seit jeher, es würde das lesbische Begehren unsichtbar gemacht – als hätten die Schwulen auch nur den geringsten Anteil daran: Die absurde Kontroverse um das Homo-Mahnmal in Berlin endete bekanntlich damit, dass sowohl ein Film mit küssenden Männern als einer mit küssenden Frauen gezeigt wird. Dass die Schwulen im Nationalsozialismus einen rosa Winkel zu tragen hatten und damit ein eigenes Kennzeichen verliehen bekamen, werden ihnen die Vielfältigen nie verzeihen. Die Ausnahmestellung schwuler Männer, die bis heute in den gesonderten Gesetzgebungen gegen männliche Homosexualität zum Ausdruck kommt, stellt offenbar eine Privilegierung in der Verfolgung dar, um die andere sexuelle Minderheiten die Schwulen beneiden. Das war in der Aids-Krise so, als Judith Butler nicht verstehen wollte, warum gerade die Schwulen – und unter ihnen gerade die wohlhabenden, weißen Mittelklasseschwulen – und nicht irgendeine andere Gruppe so im Mittelpunkt des Hasses standen, und deswegen die *queer theory* erfand. Und das scheint auch heute so zu sein, wenn Elisabeth Tuider, ohne den Kontext der Bewegung gegen die *marriage pour tous* herzustellen, behaupten kann, die Besorgten Eltern wollten mit ihren Aktionen ganz allgemein einer erneuten Tabuisierung von Sexualität Vorschub leisten, anstatt deren wichtigstes Anliegen zu benennen: die rechtliche Gleichstellung der Homosexuellen verhindern.

 Beide Seiten sind sich einig darin, dass nicht über das eigentliche Thema, das sie bewegt, gesprochen wird. Denn auch die »Demo für alle« will ja nicht homophob sein – aber dennoch ist es nicht der

Bildungsplan, sondern die Angst vor der rechtlichen Gleichstellung homosexueller Paare, die sie antreibt. Dabei geht es nicht, wie die *queer theory* uns weismachen will, um weiße, männliche, deutsche Privilegien, sondern um die Angst vor dem Verlust der natürlichen, das heißt gottgegebenen Ordnung, die jedem von Gottes Geschöpfen einen Platz in der Gesellschaft zuweist. Der Platz der Homosexuellen ist geografisch ihre Subkultur und psychisch das Unglück. Im Gegensatz zur *queer theory* tun die Besorgten Eltern nicht so, als könne man die Differenz per Diskurs aus der Welt schaffen; rechtliche Gleichstellung ist deswegen für sie ein rotes Tuch, denn damit würde eine weitere laizistische Trennung vorgenommen, die zu bekämpfen für diese Politchristen schon immer zentral war. In Frankreich gibt es diese antilaizistische Bewegung seit der Revolution, sie hat sich nie mit der Trennung von Staat und Kirche abgefunden und taucht regelmäßig wieder auf. In Deutschland hat die Trennung von Staat und Kirche nie stattgefunden, hier gibt es, wie für alles andere auch, einen Sonderstatus, den diese Bewegung nun angegriffen sieht.

Eine weitere gemeinsame Leerstelle ist das Vertrauen in die Möglichkeit von Pädagogik oder elterlicher Erziehung, irgend etwas an der Sexualität von Kindern und Jugendlichen ausrichten zu können. Die infantile Sexualität, die unbestimmte Libido, mit der das Neugeborene zur Welt kommt, und die zunächst ununterschiedenen Gefühle von Liebe und Überwältigung, die Fähigkeit zur Objektbeziehung – und die Fähigkeit des Objekts, eine Beziehung zum Kind aufzunehmen, die zunächst eine körperliche und durchaus sexualisierte ist, zum Beispiel im Stillen –, das alles sind Prozesse jenseits bewusster Einflussnahme; die spätere Auflandung des Sexuellen mit den unbewussten sexuellen Botschaften der Erwachsenen ebenfalls ... Die Besorgten Eltern haben recht, das Verhältnis des Kindes zu seinem sexuellen Begehren wird in der Beziehung zu den Eltern gestaltet, erst später dann in der *peer group*. Und, wie wir von Bernfeld wissen: Erziehung ist immer konservativ, sie kann keinen neuen Menschen schaffen, sondern wird immer nur aufs Neue das Abbild der jeweiligen Subjekte produzieren; das Geheimnis, dass die Subjekte dennoch unterschiedlich sind, liegt in jenen Prozessen begründet, die ohnehin keiner äußeren Steuerung unterliegen. Da hatte die gute alte Antidiskriminierungsarbeit den Vorteil, den Jugendlichen nichts beibringen zu wollen, sondern sie mit ihren Vorurteilen zu konfrontieren. Vorurteilsstrukturen sind aber keineswegs unbewusst, sondern höchstens vorbewusst – und damit einer Veränderung zugänglich.

Für den Umgang mit dem Ressentiment gilt im übrigen, was Theodor W. Adorno über den Antisemitismus vor mehr als 50 Jahren formulierte:

Man geht dabei all zu sehr von der Voraussetzung aus, der Antisemitismus habe etwas Wesentliches mit den Juden zu tun und könne durch konkrete Erfahrungen mit Juden bekämpft werden, während der genuine Antisemit vielmehr dadurch definiert ist, dass er überhaupt keine Erfahrung machen kann, dass er sich nicht ansprechen lässt. Ist der Antisemitismus primär objektiv-gesellschaftlich, und dann in den Antisemiten, dann hätten diese wohl, im Sinn des nationalsozialistischen Witzes, die Juden erfinden müssen, wenn es sie gar nicht gäbe. Soweit man ihn in Subjekten bekämpfen will, sollte man nicht zu viel vom Verweis auf Fakten erwarten, die sie vielfach nicht an sich heranlassen, oder als Ausnahmen neutralisieren. Vielmehr sollte man die Argumentation auf die Subjekte wenden, zu denen man redet. Ihnen wären die Mechanismen bewusst zu machen, die in ihnen selbst das Rassevorurteil verursachen. Aufarbeitung der Vergangenheit als Aufklärung ist wesentlich solche Wendung aufs Subjekt, Verstärkung von dessen Selbstbewusstsein und damit auch von dessen Selbst.

Und genau daran haben weder die Rechtskonservativen noch die Queerpolitiker ein Interesse, auch wenn sie das Gegenteil behaupten, ja behaupten müssen: die Rechtskonservativen, weil sie wider Willen an der individuellen Freiheit festhalten müssen, da die ihnen gesetzlich garantierte Freiheit ihre Glaubensausübung und ihr Glaubensverständnis ermöglicht (inklusive der elterlichen Gewalt, ihre Kinder zu korrektiven Therapien zu zwingen); die Queerpolitiker, weil sie ebenfalls so tun müssen, als liege ihnen etwas am Individuum, auch wenn es für sie lediglich die »Summe verschiedener sozialer Positionierungen« ist, um zumindest der Form halber dem Grundgesetz Genüge zu tun und Gelder beantragen zu können. An einer Stärkung des Ich im klassisch aufklärerischen und psychoanalytischen Sinne ist keiner der beiden Fraktionen gelegen: Beide betonen die Verwobenheit in und die Determination durch die Verhältnisse sowie die Notwendigkeit des falschen Arrangements mit ihnen.

Wovon gesprochen und was verschwiegen wird[*]

Mvuleni Fana, Millicent Gaika, Sukizwa Gaca und Pearl Mali haben überlebt; Eudy Simelane wurde 2008 vergewaltigt und ermordet, Noxolo Nogwaza starb 2011 an den Folgen eines sogenannten *correctional rape*, einer Vergewaltigung, mit der diese Frauen von ihrer homosexuellen Orientierung geheilt werden sollten. Zoliswa Nkonyana, Sizakele Sigasa und Salome Massoa sind weitere Opfer. Gift Makau starb im August 2014, Thembelile Sokela im September. Sie alle sind schwarze Lesben aus Südafrika. Zwischen 1998 und 2011 wurden mindestens 31 Lesben vergewaltigt und ermordet, lediglich in zwei Fällen wurden die Täter überführt. Wie viele *correctional rapes* es wirklich gibt, ist unbekannt, denn diese Verbrechen gelten in Südafrika nicht als *hate crimes* und werden in den Statistiken nicht extra aufgeführt. Auch ist davon auszugehen, dass viele der überlebenden Opfer oder die Angehörigen sich scheuen, zur Polizei zu gehen.

Diese auf dem afrikanischen Kontinent verbreitete Praxis der tödlichen Verfolgung hat bislang weder zu einer größeren öffentlichen Empörung noch zu einem Twitter-Hashtag geführt. Im Gegenteil gibt es im sogenannten Westen von links bis rechts eine ungewöhnliche Zurückhaltung angesichts dieses Terrors gegen Lesben sowie angesichts der sich in weiten Teilen des afrikanischen Kontinents verschärfenden staatlichen Verfolgung und Diskriminierung von Lesben, Schwulen und Transsexuellen, angesichts von Lynchmorden in Uganda und Kenia, angesichts von Steinigungen in den moslemisch geprägten Gegenden Afrikas. Die neuen Gesetze, mit denen Homosexualität verfolgt wird, vermitteln nicht nur aufgrund der drakonischen Stra-

---

[*] Beitrag, gehalten am 8.12.2014 in Wien.

fen eine neue Qualität: Denn zum einen werden nicht homosexuelle Handlungen bestraft, sondern Ziel der Gesetze ist es, Homosexualität als solche zu bestrafen; zum anderen und daraus folgend zielen diese Gesetze auf Schwule und Lesben – Homosexualität von Männern und Frauen wird gleichgestellt. Einige der Gesetze mussten verändert werden oder wurden von Gerichten für unwirksam erklärt, andere Gesetze sind in Kraft, führen aber nicht unmittelbar zu einem Anstieg der staatlichen Verfolgung – sie führen immer häufiger aber dazu, dass sich scheinbar spontan formierende Menschenaufläufe dazu verabreden, vermeintliche oder tatsächliche Lesben, Schwule und Transsexuelle zu ermorden. Die Teilnehmer solcher Veranstaltungen können sich darauf verlassen, nicht festgenommen und angeklagt zu werden.

Es gibt einige Annahmen darüber, warum der Hass auf Homo- und Transsexuelle auf dem afrikanischen Kontinent so tödlich geworden ist. In den Reden afrikanischer Präsidenten wird von der »Verteidigung der afrikanischen Kultur« gesprochen, die aus sich heraus so etwas wie Homosexualität nicht kenne – diese sei ein Import westlicher Dekadenz. Daraus ergibt sich, dass mit der Verfolgung von Homo- und Transsexuellen symbolisch etwas anderes ausgemerzt werden soll.

Am 7. Januar 2014 unterzeichnete der nigerianische Präsident Goodluck Jonathan das vom Parlament im Sommer 2013 beschlossene »Gesetz zum Verbot gleichgeschlechtlicher Ehen« und setzte es damit in Kraft. Obwohl Homosexualität in Nigeria schon immer illegal war und verfolgt wurde, weil die diesbezüglichen Kolonialgesetze in Kraft geblieben waren, und obwohl im islamischen Norden des Landes Schwule und Lesben von Steinigung bedroht sind, hielt man es für notwendig, die Möglichkeiten zur Verfolgung zu erweitern. Dabei ist, wie die im englischen Exil lebende nigerianische Aktivistin Yemisi Ilesanmi in einem Brief an den Vorsitzenden der staatlichen nigerianischen Menschenrechtskommission schrieb, die Forderung nach der Ehe bislang keine Forderung der nigerianischen Homo-, Bi- und Transsexuellen gewesen; sie schreibt: »Wir haben lediglich versucht, in den Straßen von Lagos, Abuja, Imo, Sokoto oder Kaduna nicht zu Tode gesteinigt oder gelyncht zu werden.«

Keineswegs soll mit dem Gesetz nur die Möglichkeit der Eheschließung für Homosexuelle verhindert werden: Es stellt homosexuelle Beziehungen als solche unter Strafe; 14 Jahre Haft sind dafür vorgesehen. Für die »Unterstützung« gleichgeschlechtlicher Beziehungen sind zehn Jahre Haft vorgesehen; diese Formel beinhaltet sowohl das Zulassen von Versammlungen, die Bildung von Vereinigungen, das Vertreten und Veröffentlichen politischer Forderungen, das »direkte oder indirekte« Zurschaustellen gleichgeschlechtlicher Zuneigung in der Öffentlichkeit sowie das bloße Wissen um eine homosexuelle Beziehung. Ilesanmi beschreibt die umfassenden Folgen so:

Ein Vater oder eine Mutter hat die Pflicht, ihr homo- oder bisexuelles Kind der Polizei zu melden, oder muss zehn Jahre Haft fürchten. Jedem Arzt, der Patienten behandelt, die in gleichgeschlechtlichen Beziehungen leben, drohen zehn Jahre Haft. Vermieter, die an gleichgeschlechtliche Paare vermieten, müssen zehn Jahre Haft fürchten. Arbeitgeber, die von ihnen angestellte Homosexuelle nicht melden, machen sich der Beihilfe und Begünstigung schuldig und können zu zehn Jahren Haft verurteilt werden. Freunden und Arbeitskollegen, die Homosexuellen helfen und sie schützen, drohen zehn Jahre Haft.

Wenn ich hier darüber spreche, was auf dem afrikanischen Kontinent geschieht, so stellt sich die Frage der Perspektive – ist es rassistisch, darüber zu sprechen, oder ist es rassistisch, diese Verhältnisse zu verschweigen? Heißt es, ein weißes, männliches Mittelstandsprivileg zu nutzen, um als Homosexueller westliche Werte umso glänzender scheinen zu lassen, oder geht es schlicht um Solidarität?

Homo-Nationalismus und *Pinkwashing* sind die dazugehörigen Schlagworte, die den Weg aus den US-amerikanischen Universitäten auch in die europäische Öffentlichkeit gefunden haben. Homo-Nationalismus wird der Verweis auf die Universalität der Menschenrechte genannt, die ja in Wirklichkeit nur westlich seien und anderen

»Kulturen« nicht gerecht würden; *Pinkwashing* meint die abgefeimte Strategie, mit der mittels der Einführung von rechtlichen Garantien für Schwule von anderen, den eigentlichen Missständen abgelenkt werden soll. Im Mittelpunkt des *Pinkwashing*-Vorwurfs steht, wie von selbst: Israel. Jasbir Puar vertrat 2010 im »Guardian« die Ansicht, dass das Vorgehen der israelischen Marine gegen die Gaza-Flottille so »totalitär« gewesen sei, dass es für Israel notwendig sei, die eigene Schwulenfreundlichkeit und Liberalität zu betonen, um dem Krieg gegen die Palästinenser eine Rechtfertigung zu geben – diese würden in bezug auf die Homosexualität als barbarisch und rückständig dargestellt. Das resultiere in »Israels gay propaganda war«.

Puars Attacke auf die homosexuelle Emanzipation, genauer auf den »Gay white male«, der, mit bürgerlichen Rechten ausgestattet, nur zu gern die Verteidigung westlicher Werte übernehme, ist letztlich nichts anderes als der seit Jahrzehnten bekannte linke, antiimperialistische Homosexuellenhass. Tatsächlich tun sie und ihre zahlreichen Mitstreiter auf ihre Weise und ihrem Milieu entsprechend nichts anderes als Wladimir Putin oder Goodluck Jonathan und andere Politiker in anderen Weltgegenden: Aus der Homosexualität als Handlung oder als Begehren wird der Homosexuelle als Repräsentant des Westens, des Neoliberalismus, des Kapitalismus – derjenige, der in der Krise noch Erfolg hat, gar von der Krise profitiert. Zugleich wird dem weißen schwulen Mann vorgeworfen, das Leiden und die Kämpfe anderer sexueller Minderheiten unsichtbar zu machen, weil er sich – das kennt man ja – bei jeder Party in den Vordergrund spielen muss. Die als mächtig, wohlhabend und erfolgreich imaginierten New Yorker Mittelklasseschwulen haben für die Homo-Ehe, Gleichstellung und Dabeiseindürfen den antiimperialistischen Kampf aufgegeben, so Puar, Butler und ihre Freunde in Anlehnung an den guten alten Lenin und seine These von der Arbeiteraristokratie. Und an diesem Punkt haben sie recht: Warum sollten Homosexuelle allen Ernstes erkämpfte Rechte zugunsten eines Bündnisses in Frage stellen, in dem nicht wenige Bündnispartner ihren Tod fordern? Ganz abgesehen davon, dass die Behauptung von der problemlosen Integration männlicher Homosexualität in die westlichen Gesellschaften den empirischen Tatsachen widerspricht und sich so als neiderfüllte Projektion zu erkennen gibt.

In der Realität sind die Opfer des Homosexuellenhasses in ihrer übergroßen Mehrheit weder weiß noch leben sie in New York. Sie werden verfolgt und ermordet, weil sie in einer Welt, die in Banden und Rackets zerfällt, für nicht gemeinschaftsfähig gehalten werden. Sie werden gehasst, weil sie nicht auf die Wärme der Kampfgemeinschaft, sondern die Kälte des bürgerlichen Rechts setzen, weil sie nicht von der Gnade der Gesellschaft abhängig sein, sondern im Appell ans Gericht ihr Heil suchen wollen, weil sie für eine gesetzlich abgesicherte Privatheit der Liebe statt um Beziehungen, mithin für die Standards einer bürgerlichen Normalität kämpfen. Dass diese Normalität gar nicht mehr existiert – falls es sie denn je gegeben hat –, verleiht diesem Kampf etwas Tragisches, weil in ihm, so aussichtslos er erscheinen mag, noch etwas aufscheint vom großen Versprechen individuellen Glücks. Und das ist es, was ihre Feinde den Homosexuellen nicht verzeihen.

Verwendete Literatur

Adorno, Theodor W.: *Minima Moralia. Reflexionen aus dem beschädigten Leben*, Frankfurt/Main 1997

Adorno, Theodor W. / Horkheimer, Max: *Dialektik der Aufklärung. Philosophische Fragmente*, Frankfurt/Main 1997

Foucault, Michel: *Dits et Ecrits*, Schriften Bd. 3, Frankfurt/Main 2003

Isherwood, Christopher: *A Single Man*, Hamburg 2014

Mayer, Hans: *Außenseiter*, Frankfurt/Main 1981

Naldini, Nico: *Pier Paolo Pasolini. Eine Biographie*, Berlin 1991

Reich, Wilhelm: *Die Sexualität im Kulturkampf*, Kopenhagen 1936

Schulman, Sarah: *Leben am Rand*, Hamburg 1992

Tuider, Elisabeth et al.: *Sexualpädagogik der Vielfalt. Praxismethoden zu Identitäten, Beziehungen, Körper und Prävention für Schule und Jugendarbeit*, Weinheim 2008/2012